L'ARGENT,

OU

L'ÉCOLE DES RENTIERS,

ESSAI DE COMÉDIE EN TROIS ACTES ET EN VERS,

PAR

M. JULIEN COEUR,

de Fribourg, en Suisse.

PARIS.

TYPOGRAPHIE DONDEY-DUPRÉ, RUE SAINT-LOUIS, 46, AU MARAIS.

1846

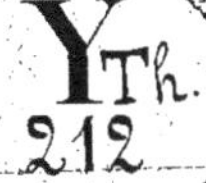

L'ARGENT,

OU

L'ÉCOLE DES RENTIERS,

ESSAI DE COMÉDIE EN TROIS ACTES ET EN VERS,

PAR

M. JULIEN COEUR,

de Fribourg, en Suisse.

PARIS

IMPRIMERIE DONDEY-DUPRÉ, RUE SAINT-LOUIS, 46,
AU MARAIS.

1846

DISTRIBUTION.

PERSONNAGES.

MARCEL, spéculateur, père d'Elvire.
PAULIN, homme grave et frère de Marcel.
MAURICE, jeune poëte, fiancé d'Elvire.
THÉODORE, futur d'Elvire.
BABYLAS, jardinier de Marcel.
UN NOTAIRE.
Mme DE SAINT-AMAND, intrigante, épouse de Félix.
FÉLIX, homme faible d'esprit.
ELVIRE, amante et fiancée de Maurice.
JEANNETTE, femme de chambre d'Elvire.
VICTOR, valet.
UN AUTRE VALET.
QUELQUES INVITÉS.

PRÉFACE.

Au moment d'offrir au public mon essai de comédie, je recule devant les longues explications et les ferventes prières que je sens lui devoir. Cependant, s'il m'est impossible d'insérer ici ces explications et ces prières, je dois du moins réclamer l'indulgence des personnes qui voudront bien me lire.

Il faut donc que j'écrive une préface, où je tâcherai de résumer toutes les choses que j'aurais à dire.

Mon essai de comédie est l'œuvre d'un enfant de vingt ans qui, pour toute science, connaît la douleur; mais, quoique jeune encore, il la connaît bien! Je pourrais redire les tortures atroces de Gilbert, Moreau, Chatterton, ces martyrs de poésie; seulement, je ne m'arrêterais pas au terme de leurs vies, et je saurais tracer ce qu'ils auraient souffert s'ils avaient survécu.

C'est pourquoi je voudrais écrire ici mon existence entière... mais je n'écris qu'une préface, et je dois songer que c'est un tendre ami qui subvient aux frais d'impression.

Jamais je n'ai fait d'études avancées, jamais je n'ai fréquenté de collége; mes seuls guides en littérature on été quelques auteurs égarés chez moi par hasard, et les journaux de toute espèce que je pouvais lire assez assidûment. Hormis cela, rien ne m'a dirigé, rien ne m'a développé; et malgré tous mes désirs, impossible à moi d'entreprendre une étude suivie, ni d'avancer dans la carrière des lettres, des lettres sérieuses, la seule de toutes les carrières où je me sentisse capable de vivre.

Depuis cinq ans, au milieu de toutes les tortures, j'ai vécu dégoûté, misérable et plus que désespéré, car je ne pouvais pas même mourir; des affections saintes me retenaient impérieusement! J'ai vu cent fois les heures où, pour l'homme au désespoir, les mots effroyables n'ont plus de sens, la mort n'a plus d'aspect. J'aurais succombé sans doute! mais j'ai toujours aussi vu dans ces moments-là, ma mère, mes sœurs et mes amis se confiant en moi, et je vivais comme par instinct, même sans le vouloir, car à eux, dans le malheur aussi, je ne pouvais pas être utile! C'est ainsi que j'ai pu survivre où tant d'autres sont morts.

On dit bien que, dans ma situation, un homme doit résister à ses penchants, à ses goûts, à sa vocation, et qu'il faut qu'il se sacrifie à sa famille, aux siens. J'ai satisfait à cette exigence, bien vaine, hélas! puisqu'il est des cas où le sacrifice même est inutile; et dès lors, n'est-il pas mal de s'être sacrifié?

Ainsi, malgré les entraves de ma position, ma misère, ma jeunesse, mon manque d'étude, sans patronage aucun, malgré même mon sacrifice et ma volonté, j'arrive aujourd'hui au but que j'ai d'abord cherché, puis que j'ai fui désespéré: Je publie un livre!

Et pourquoi donc?... La vocation est la destinée même, et c'est ici la mienne.

Que n'ai-je subi depuis cinq ans! étouffé, cahoté par le dédain des ambitions tumultueuses, moi, jeune enfant fiévreux, tremblant et seul, cherchant partout, dans ce Paris, l'entrée de ma carrière! C'était folie vraiment d'y venir à quinze ans, sans patrons et sans ressources, demander une existence et un nom!

Je fus rebuté par plusieurs de ceux à qui je m'adressai, ou généreusement berné par d'autres. Pourtant mes prières étaient bien humbles; je demandais qu'on me mît à l'œuvre et qu'on fît de moi ce qu'il serait possible. On eût pu me soulager en m'offrant du travail; on aima mieux me flatter avec exagération souvent, jusqu'à ce que la sèche flatterie m'ennuyât et me fît revenir à mon effroyable isolement. C'est ainsi que je vécus, impuissant et inutile à moi-même.

Sevré d'études, de quel sujet donc pouvais-je m'emparer pour le penser et le produire? car, le redis, je voulais travailler sérieusement. Je ne connaissais rien, rien que la société, les vices du jour dont je souffrais si fort. Chacun se récriait contre la plaie hideuse qui ronge notre siècle, et presque tous soignaient cette plaie... de manière à l'étendre sur eux. Je rougissais pour la France et pour l'humanité. Sans consulter mes forces, j'écrivis alors mon essai de comédie. Sans plan arrêté, sans idée fixe même, je commençai le premier vendredi de décembre, et en trois semaines, jour pour jour, dans un temps de douleur, de maladie, de froid et de misère, j'achevai les trois actes qu'aujourd'hui je publie. Plein de fièvre encore, j'allai les offrir au Théâtre-Français, *qui les garda deux mois passés*, me remettant sans cesse pour la réponse, en me donnant espoir, d'abord de quinze jours en huit, de huit en quinze, de quinze en deux ou trois, etc.; et finissant par me rendre mon manuscrit refusé. Je pourrais avoir ici beau jeu de dire contre le Théâtre-Français; mais je ne sais s'il est libre, s'il est coupable, et j'aime mieux me taire.

Aujourd'hui, c'est l'argent, la modeste fortune d'une tendre amitié qui paye les frais d'impression de mon livre. Je l'offre avec confiance au public comme l'œuvre d'un enfant de vingt ans, qui l'a produit à la hâte, sans le pouvoir retoucher, mais qui vise avant tout à la littérature sérieuse et qui maladroitement le dit, en invoquant la faveur et l'indulgence dont il a tant besoin. Par des études incessantes, un bon vouloir constant, ne pourrais-je donc jamais arriver à quelque utilité? La *comédie* encore peut être utile au monde, quoi qu'il dise; et notre siècle même a grand besoin de la *comédie*.

C'est sans patronage aucun que je m'offre; j'espère l'indulgence, parce que je sens que quand le temps, le calme et les moyens d'étude et de vivre me seront donnés, mon âme entière, absorbée en ses contemplations, ses rêveries et ses pensées, s'inspirera bien en faveur de l'humanité, de la patrie et des nobles choses de la vie.

Sans doute mon talent est bien nul; mais les intentions qui ont dicté mes vers peuvent, je crois, être utiles. Mon livre aura-t-il de l'attrait pour les lecteurs de Paris, et ceux habitués au beau style, aux grandes phrases du jour? Non! mais je me souviens de ceci : *Quand on aspire à la gloire, il faut se faire lire à Paris; quand on veut être utile, il faut se faire lire en province.* Que je sois donc utile avant tout!

J'ai voulu faire ici le tableau détaillé des mœurs du jour. Cela peut-être a nui à ma comédie, en la coupant de longeurs inutiles à l'intrigue, et cependant, selon moi, nécessaires au sujet et au titre. Ainsi, pour n'en citer qu'une, la scène de l'aumône, où j'ai tâché de faire ressortir la différence des aumônes de MARCEL et de PAULIN, des sentiments de MAURICE et de Mme DE ST-AMAND. Au reste, et je le dis encore, cette pièce produite comme je l'ai indiqué, ne peut s'offrir avantageusement qu'en réclamant l'indulgence des lecteurs bienveillants.

Molière a dit :

Si l'on peut pardonner l'essor d'un mauvais livre
Ce n'est qu'aux malheureux qui composent pour vivre.

L'ARGENT,

OU

L'ÉCOLE DES RENTIERS,

ESSAI DE COMÉDIE EN TROIS ACTES ET EN VERS.

ACTE PREMIER.

Le théâtre représente une pièce attenante à un salon qu'on prépare pour un bal. A droite, un bureau secrétaire sur lequel on voit quelques papiers et des piles d'écus.

SCÈNE PREMIÈRE.

MARCEL, PAULIN.

Au lever du rideau, Marcel finit de poser de l'argent sur son secrétaire. Il est six heures du soir.

PAULIN.

Oui, c'est un thème usé, je ne l'ignore pas; [pas;
Mais on gronde un enfant, s'il marche un mauvais
On le gronde sans cesse, et l'on arrive en terme
A le faire marcher corrigé, droit et ferme.

MARCEL, *haussant les épaules.*

Il reviendra toujours, mon frère, au même point;
Mais il sait bien pourtant qu'il ne gagnera point!
Blâmer mon goût de l'or, mon cher?... mais c'est
[ma vie!
Otez-le-moi, dès lors la mort me fait envie.

Lui montrant les piles d'écus.

Tiens, regarde cela; que ton cœur soit touché;
Chérir cet or mignon, ah! serait-ce un péché?...
A quoi sert de gronder, de gourmander sans cesse
Contre l'or, qui des cœurs fait toute la tendresse?
Dieu n'a rien fait de mieux que l'or, frère Paulin;
Vous le calomniez, — je l'aime, — et c'est vilain!

PAULIN.

Il en faut, je le sais, pour vivre; mais, mon frère,
En fait-on son idole ainsi qu'on vous voit faire?
Ne vivant que pour lui, vous voudriez encor
Doubler votre existence en amassant de l'or;
C'est une déraison!

MARCEL.

Celle des gens fort sages
Qui lisent l'avenir, soumis à leurs présages;
On doit suivre en tout point ce qu'on a pu prévoir...

PAULIN.

Qu'as-tu prévu, Marcel?

MARCEL.

Ah! ah! vous allez voir:
J'ai prévu que nos fils n'auraient point de fortune
Si je ne prenais soin de leur en soigner une;
J'ai prévu — (j'ai monsieur, des jugements pro-
[fonds!)
Qu'ils s'estimeront plus en trouvant doubles fonds;
Voilà pourquoi je veux doubler ma pacotille.

PAULIN.

Vraiment tu penses trop au bien de ta famille!
Mais tu ne songes pas que ces fonds que voilà,
S'amoncelant ici, se sont écroulés là!
J'estime qu'il est mal, qu'il n'est pas fort honnête
D'attirer tant de biens sur une seule tête;
Cet or que vous gagnez, ici vous rend heureux,
Mais qui le perd subit un destin rigoureux.

MARCEL.

Pourquoi court-il la chance?

PAULIN.

Il a tort, oui, sans doute;
Mais vous suivez aussi, vous autres, même route;
Gare au terme ignoré!

MARCEL.

Je spécule à coup sûr;
Je ne crains rien, je gagne; — eh quoi, rien de
[plus pur!

PAULIN.

Non, Marcel, écoutez votre raison plus calme;
Un flot d'or ne vaut pas de la vertu la palme.
Spéculer, c'est chercher sur tout un vil profit;
Qu'en avez-vous besoin? votre bien vous suffit.
Quand on a recueilli pour les siens de quoi vivre,
Ce n'est plus la fortune, allez! qu'il faut poursuivre;
Il est temps, croyez-moi, de penser au bonheur.

MARCEL, *impatienté.*

Eh! que gagnerez-vous avec votre air docteur?...
Je ne vous pairai pas!

PAULIN.

D'argent l'idée encore; [vore.
Quand vous n'avalez pas vous craignez qu'on dé-
Je ne demande rien, non rien, pour mes conseils;
Qu'on les suive pourtant.

MARCEL.

En suivre de pareils!...

PAULIN.

Ah! s'ils m'étaient payés ils vaudraient quelque
Osez le dire. [chose;

MARCEL.

Eh bien ils vaudraient leur coût; — j'ose.

PAULIN.

Rien n'a de la valeur, à moins d'être coté;
Ces instincts de courtiers mettez-les de côté!

MARCEL.

Mais c'est ma vie, à moi; mais c'est ma jouissance;
Je veux de ces instincts; laissez-m'en la licence!

PAULIN.

Les gains que vous ferez ne seront plus acquis...

MARCEL.

De parler sur ce ton qui donc vous a requis?...

PAULIN.

On n'a pas mérité ce que le hasard donne !
Je souhaite pour vous que le sort vous pardonne ;
Qu'il vous épargne un jour !

MARCEL.

Qu'il vous damne aujourd'hui !
Toujours me sermoner me fait mourir d'ennui.

PAULIN.

Soyez calme, Marcel, et même sans vous rendre,
Parlant de vous, pour vous, du moins daignez m'en-
[tendre.
Laissez aux insensés, laissez la basse erreur
D'espérer s'enrichir en se vidant le cœur ;
Aimant si fort l'argent, on n'aime rien au monde!
Une existence calme est cent fois plus féconde
En bonheurs quotidiens, que ces dégoûts d'esprits
Qui ne vous quittent pas et déjà sont repris.
Le matin au réveil vous pensez... à la Bourse ;
Vous marchez à grands pas, elle suit votre course ;
Vous rêvez d'elle seule ! — A table, au lit, au bal;
En baisant votre fille à son front virginal ;
Toujours, partout, sans cesse, et toujours et sans
[cesse
La Bourse bassement vous charme et vous caresse.
Ce n'est pas noble, frère ; et ce destin affreux
Me ferait envier le sort des malheureux.
Ils travaillent ceux-là ; tout l'argent qui vous gorge,
Venu d'eux, n'a laissé dans leurs mains qu'un pain
[d'orge.
Ah ! ne spéculez pas sur la misère, hélas !
A la Bourse aujourd'hui les gains sont faux et bas.
Qu'un richard s'enrichisse encore, mais qu'il offre
Du pain au malheureux, tout en comblant son coffre;
Qu'il fasse travailler ! — Marcel, vos superflus
Feraient vivre aujourd'hui plus de cent pauvres,
[plus !
Rendez-leur donc, Marcel, ce pain de leur misère;
Ils vous béniront tous ; vous deviendrez leur père,
Et vous serez heureux !... Entendez-les crier!
Contentez leurs besoins !... Marcel, fais-les prier !

MARCEL.

Je ne sais d'où te vient cette fatale idée
De vouloir que par toi ma route soit guidée;
Ton exaltation me fait peine et grand mal ;
Ne fus-tu pas mordu par un sot animal ?
Je reçois tes leçons, moi, ton aîné ! Je gage
Que tu repousserais mes conseils, à ton âge.
J'aime les malheureux, comme toi, sais-tu bien ?
Chaque fois que je puis je me fais leur soutien;
Je sais en même temps poursuivre ma fortune,
C'est loin d'être une faute, et toi tu m'en fais une!..,
D'autres sauraient sans moi profiter gentiment.

PAULIN.

Ce que vous avancez est-ce un raisonnement ?

MARCEL.

Oui, si vous me blâmez, blâmez le monde en
[somme.

PAULIN.

En raisonnant ainsi vous devenez moins qu'homme!

MARCEL.

Dans chacun après moi cherchez un criminel.

PAULIN.

Mais si tous comme toi se corrigent, Marcel ?

MARCEL.

Ce ne sont du moins pas vos chansons, je le pense,
Qui nous corrigeront !

PAULIN.

Parle sans violence ;
Si je t'offre un avis fais-en ce que tu veux,
Libre étant d'exaucer ou d'enfreindre mes vœux.

MARCEL.

N'aimez-vous pas aussi, vous, gagner quelque
[chose?

PAULIN.

J'ai comme vous assez, alors je me repose ;
Ce qui reste à gagner, pour les pauvres !

MARCEL, *avec colère.*

Encor!
Vous n'aimez point l'argent et vous préférez l'or!

PAULIN.

J'ai tout ce qu'il me faut, que m'a légué mon père
Comme à vous ; — j'ai vécu sans reculer, j'espère;
C'est juste de laisser à qui possède moins
Le loisir d'y gagner en y mettant ses soins.

MARCEL.

Je suis avare, moi, pour le bien de ma fille;
Pour le vôtre, peut-être !

PAULIN.

Ah ! l'ingrate famille,
Qui pense avec raison n'en avoir pas besoin !

MARCEL.

Vous avez tort, mon frère, et vous serez témoin
Que chacun le dira,

PAULIN.

Dans ton bel entourage ;
A ta fête, ce soir ?...

MARCEL.

Je vivrai de ta rage !

Le valet introduit les Invités.

Mais voici mes amis et l'heure du festin.

Il va au-devant d'eux.

PAULIN, *à part.*

S'il s'agit d'intérêt, l'homme est un sot mutin !

SCÈNE II.

MARCEL, PAULIN, Mme DE ST-AMAND, FÉLIX, *son époux à l'air hébété*, QUELQUES INVITÉS.

MARCEL, *après les avoir installés.*

Je causais à Paulin d'une importante affaire ;
Doit-on grossir ses fonds, ou doit-on s'en défaire?

PAULIN.

S'en défaire ?... oh! non pas!... J'ai dit : garder,
[je crois,

Mme DE ST-AMAND.

Qui ne gagne pas, perd : — il faut grossir !

MARCEL.

Tu vois!
Ce seul mot te condamne ; et tout le monde encore

Cherchant des yeux.

Te le répétera. — Mais... monsieur Théodore ?...

Mme DE ST-AMAND.

A la Bourse. — Il se hâte à chercher son agent ;
Mon neveu doit le voir pour affaires d'argent.

PAULIN, *à part.*

Oh ! toujours !...

MARCEL.

Mais il vient sans retarder, sans doute?

Mme DE ST-AMAND.

Oui, nous venions ensemble, il m'a quittée en route,

MARCEL, *à Paulin.*

Lui surtout, tu verras, par ses raisonnements
Enlèvera d'assaut tes rares sentiments;
Il a jeunesse, esprit, connaissance du monde;
Il prospère à la Bourse, où sa chance est féconde;
Son calcul est parfait; — il sait tout son métier!

PAULIN, *à part.*

Il doit être, cet homme, un fameux tripotier.

Haut.

Sur son terrain alors je serais faible, et j'ose
Espérer que Marcel ménagera ma cause;
Je ne pourrais lutter avec si puissant, moi;
Moi qui ne comprends rien à vos calculs!

MARCEL.

Eh quoi?
Tu recules déjà? C'est pour le moins bizarre!

PAULIN.

Qu'entendre à tes calculs, à toi? calculs d'avare,
Jetant son bien, c'est vrai,... pour hâter l'intérêt
Qui ne vient que trop tard si l'or reste en arrêt.

MARCEL.

Eh! oui! mais j'ai raison. — Les avares vulgaires,
N'osant point spéculer, ne s'enrichissent guères;
Couchés sur leurs trésors avec précaution,
Ils ignorent le fruit d'une bonne action.
Par les brillants hasards d'une Bourse agitée,
Leur fortune en wagons ne court point, emportée
Vers le temple de l'or, où puise à pleine main
Le richard envieux d'un éternel butin!
Oui, les chemins de fer ont ranimé ma vie;
Tout homme qui sent là du cœur, en a l'envie;
Phénomène inouï qui donne en un instant [Satan;
Plus d'or que n'en fondraient les fourneaux de
Tourbillon de poussière et de flammes brûlantes
Jetant, comme cailloux, plus de fonds que vingt
rentes;
Voix terrible, — encor plus que le vent orageux,
Qui fait fuir les craintifs, charme les courageux;
Voix que tu n'entends pas; à qui je rends hommage!
J'ai voulu la comprendre et je m'en dis fort sage;
J'en suis récompensé; — je gagne à la vapeur!
Et relance mes gains sur les rails-way, sans peur!

PAULIN.

J'accorde. En un soleil vous gagnez des fortunes,
Mais pour perdre encor plus, il ne faut pas deux
[lunes.
Le rail-way passe aussi devant quelque hôpital.

MARCEL.

Bah! moi je lui confie un très-gros capital!
L'avalanche grossit de secousse en secousse.

PAULIN.

Pierre qui roule, hélas! n'amasse point de mousse.

MARCEL.

C'est un proverbe usé.

PAULIN.

Le tien est-il nouveau?
Vient-il pour tes besoins de naître en ton cerveau?

MARCEL.

Mon frère, chacun sait que la vapeur amène
La fortune à grand train!

PAULIN.

Et de même l'entraîne.

MARCEL.

Tu ne sais pas le prix d'une bonne action!

PAULIN.

Du pauvre elle nous vaut la bénédiction.

MARCEL, *avec dépit, montrant un papier.*

Non!... pas!... — Qu'en sais-tu faire?... une ac-
[tion de Bourse!...

PAULIN, *voulant la brûler.*

Je l'envoie en fumée, et jusqu'à la grande ourse!

MARCEL, *le retenant.*

Aux Invités.

Vous me faites pitié! — Vous voyez son esprit!

Mme DE ST-AMAND, *à Paulin.*

Monsieur ignore encor...

PAULIN.

Je sais, madame,

MARCEL.

Il rit!
Comment peut-il savoir?...

Mme DE ST-AMAND.

Dans toute cette affaire
Monsieur Marcel soutient le vrai contre son frère.

PAULIN, *blessé.*

Je vous connais, madame, une haute raison...
Ah! que ne pouvez-vous diriger ma maison!

Mme DE ST-AMAND, *avec importance.*

Je gagne à mon époux de l'or... de l'or en barre!

PAULIN.

Mais pour le conserver vous n'êtes guère avare!

FÉLIX, *à part.*

Je crois qu'on parle vrai...

Mme DE ST-AMAND, *à Félix.*

Répondez donc pour moi!

PAULIN, *à part.*

Sa femme est tout! lui, rien... Esprit malade!

FÉLIX, *à sa femme.*

Eh quoi?

PAULIN, *à part.*

Un tel homme, en ménage, à sa femme est utile;
Il doit bien vivre à part!

Mme DE ST-AMAND, *à son mari.*

Vous me troublez la bile!
Déroulez mes vertus!...

FÉLIX, *à Paulin, avec ineptie.*

Monsieur, vous avez tort...

PAULIN, *à part.*

Mon Dieu! pour son argent, avoir pris ce butor...
Cette femme est sans cœur!

MARCEL.

Eh bien, j'en suis fort aise;
Vous avez tort, enfin; oui, tort, ne vous déplaise!

PAULIN.

J'ai conservé mon bien tel qu'on me l'a légué,
Et je ne me suis pas sans raison fatigué;
Vous avez spéculé, quadruplé votre dose
En parlant d'agio, report ou d'autre chose;
Je possède toujours quatre-vingt mille francs,
Sans nuls revers à craindre et sans nuls différents;
Vous avez atteint plus et suivez votre course;

Vous avez un grand nom dans les tripots de Bourse;
Vous êtes influent; eh bien donc, poursuivez!
Je fais ce que je veux, vous, ce que vous pouvez.
Bien moins riche que vous, j'ai moins besoin en
J'ai toujours mon argent, et vous pas. [somme.

MARCEL.

Il m'assomme!

Il tourne avec impatience. Aux Invités.

Désirez-vous passer un instant au jardin?

Mme DE ST-AMAND.

Allons: nous causerons du Creil à Saint-Quentin.

Marcel les reconduit jusqu'à la porte du jardin, puis revient vers son frère.

SCÈNE III.

MARCEL, PAULIN.

MARCEL.

Il faut que je te parle; après dîner j'ai fête:
Il viendra pour mon bal une foule complète.
Je veux enfin donner à ma fille un mari
Qui de riches parents, surtout, soit le chéri.

PAULIN.

Ah! j'ignorais ce point!

MARCEL.

J'ai voulu te surprendre.

PAULIN.

Tu n'es pas maladroit; je n'y puis rien comprendre!
Ce mari, quel est-il?

MARCEL.

C'est Théodore.

PAULIN.

Hélas!

On voit Babylas arrangeant des fleurs dans le fond.

J'aimerais mieux... tiens, vois, cet homme, Baby-

MARCEL. [las.

Tu m'empêches toujours d'avancer, par scrupules!

PAULIN.

Et je veux même bien, Marcel, que tu recules.

MARCEL.

Quoi! cet homme si riche?...

PAULIN.

En sottises surtout!

MARCEL.

Ne pourrait devenir mon gendre?...

PAULIN.

Non, du tout!
Par ce fait, le malheur chez toi, frère, s'implante;
Théodore est neveu, mais amant de sa tante.
Sa tante est belle encore, et de leur parenté
Le nœud, faible, dit-on, n'est que cette beauté.
Aujourd'hui que chacun spécule sur chacune,
Chacune sur chacun, cette affaire est commune
De voir l'amante, hélas! chercher en son amant
L'occasion du gain; telle est madame Amant:
C'est ton argent surtout qu'on veut, et non ta fille!

MARCEL.

L'argent fait le bonheur de plus d'une famille.

PAULIN.

Je souffre de te voir t'allier à ces gens,
Et tes soins pour eux tous chez moi sont affligeants.
A tous leurs pas, crois-moi, l'intérêt sert de guide;
La femme, pour gagner, surtout n'est pas timide:
Elle épousa son fou pour l'argent; son neveu
Recherche ton enfant, car l'argent est en jeu;
Et c'est vil tout cela! Quoi! tu serais sans âme?
Tu donnerais ta fille à ce fardeau pour femme?
Regarde ce qu'ils sont: dans ton riant jardin
Ils vont aspirer... quoi? le Creil à Saint-Quentin?

MARCEL.

C'est le grand point du jour!... Quant à ce qu'on
C'est les calomnier... [peut dire,

PAULIN.

Dis plutôt: c'est médire.
Je le fais pour ton bien!

MARCEL.

Non! tout cela c'est faux!

PAULIN.

Tu t'abuses, mon cher, sur leurs brillants défauts.

MARCEL.

Je connais leur avoir: leur fortune est bien belle!

PAULIN, *haussant les épaules.*

Ta fille...

MARCEL.

Obéira!

PAULIN.

Tu le crois? que dit-elle?

MARCEL.

Mais...

PAULIN.

Elle a consenti! Me dis-tu vrai?

MARCEL.

Mais, oui.
Son visage en effet n'était pas réjoui
Quand j'en ai touché mot; cependant...

PAULIN.

Moi, je pense
Que de la consulter vraiment on se dispense.

MARCEL.

Qui peut vous faire croire?...

PAULIN.

Un petit souvenir...
Vous avez autrefois réglé son avenir
Pour le fils d'un ami, que jadis en province
Vous avez pris pour gendre...

MARCEL.

Et qu'aujourd'hui j'évince.

PAULIN.

Les deux enfants formés l'un pour l'autre s'aimaient;
A s'aimer davantage eux-mêmes se formaient;
Maurice un jour devait épouser votre Elvire;
Voilà ce que je crois qu'il est bon de vous dire.

MARCEL.

Bah! paroles en l'air!

PAULIN.

Engagements sérieux!...

MARCEL.

Le père de Maurice est mort.

PAULIN.

Oui, rien de mieux...
Mais son fils est vivant!

MARCEL, *impatienté.*

Il n'est rien de maussade

Comme d'avoir affaire à quelque esprit malade!
Bonnement, croyez-vous quand on aime un enfant
Qu'on engage son sort? Le devoir le défend!

PAULIN.

Les deux dont nous parlons pour être unis sont [d'âge;
Enfants de deux amis, il a paru fort sage
De les habituer ensemble à vivre bien,
Pour les joindre plus tard d'un sûr et doux lien.
Cela se fait souvent.

MARCEL.

Venu dans cette ville,
Je n'ai plus vu depuis l'enfant ni sa famille.

PAULIN.

Ils sont restés chez nous; mais tu connais Arras,
Et tu peux leur écrire... ils viendront, tu verras!
Quinze ans les deux enfants ont bien su vivre en- [semble;
Plus âgés, ils sauront encor mieux, ce me semble.

MARCEL.

Maurice n'es pas riche!

PAULIN.

Ah! te voilà toujours!

MARCEL, *vivement.*

Nous nous déciderons dans trois ou quatre jours!

A part. Haut.

Je suis tout décidé... Voyons une autre affaire...
Je veux t'associer à mes calculs, mon frère.

PAULIN.

Ah! ne m'en parle pas!

MARCEL, *d'un ton câlin.*

C'est un service, ami.

PAULIN.

Tu me tends un piége... un service?

MARCEL.

Un demi!
Je suis à court d'argent pour payer une dette,
Et je veux te céder une chance complète.

PAULIN.

Diable! c'est bien chanceux...

MARCEL, *feignant l'enthousiasme.*

Des actions du nord!...

A part. Haut.

Le nord est peu solide... Eh bien! tente le sort!
Qui ne sait pas compter ne sut jamais rien faire!

PAULIN, *avec humeur.*

Dépense ton argent, le mien est mon affaire!

MARCEL.

C'est un service, enfin.

PAULIN, *bonnement.*

Si c'est vraiment cela!...

MARCEL, *offrant des actions.*

Donne six mille francs!..

Paulin le regarde avec étonnement, Marcel fait une figure suppliante.

PAULIN, *avec bonhomie, donnant ses billets de banque.*

J'en ai touché... voilà.

MARCEL, *à part.* [gagne?

Qu'importe au philosophe ou qu'il perde ou qu'il
Moi, j'ai craint pour mes fonds... Que le sort l'ac-

PAULIN. [compagne!

Je veux bien perdre; hélas! si ta fille en retour
Échappe aux mains d'un vil calculateur d'amour.

SCÈNE IV.

MARCEL, PAULIN, THÉODORE.

MARCEL.

Imprudent, taisez-vous!

THÉODORE, *avec joie.*

Bonjour, messieurs; la hausse.

MARCEL.

La hausse?...

THÉODORE.

Oui, sur le nord!

MARCEL.

Ma pensée était fausse!
Mon Dieu! que dites-vous? ne vous trompez-vous [pas?
J'ai vendu! rendez-m'en! du nord! du nord, hélas!
Mais... qu'avez-vous donc dit?...

THÉODORE.

Eh bien, je recommence:
Le nord est magnifique!

MARCEL.

Ah! ma perte est immense!
A l'instant même, ici, pour Paulin que voilà,
Je viens de m'en défaire!

THÉODORE.

Eh donc! c'est vrai, cela?

MARCEL.

Ah Dieu! le soir d'un bal pour marier ma fille...
Perdre ainsi de l'argent!

PAULIN, *raillant.*

Il est dans ta famille!
Console-toi, Marcel... je danserai ce soir!
Tes fonds l'ont déjà fait... Il est curieux de voir
Ton argent même aussi s'égayer à l'avance;
Il se met de ton bal... bien mieux! il le devance!

THÉODORE.

Le nord vous a gelé quand il brûle partout!

MARCEL.

Je me suis fourvoyé... je ne ris pas du tout!

PAULIN.

Tu m'as promis bonheur: le hasard me l'envoie;
Réjouis-toi, mon frère, et prends part à ma joie!
Ton amour fraternel pour moi te réjouit...
L'intérêt meurt devant ce sentiment, dis?

MARCEL, *avec humeur.*

Oui.

PAULIN.

C'est bon de spéculer! Le sort me met en veine!
Je prends des...

MARCEL.

Non, plus rien!

PAULIN.

Tu me fais de la peine!
Je prends des nord, des sud... tous les points car- [dinaux,
Tous les chemins du ciel et tous les infernaux!
Car les chemins de fer ont ranimé ma vie;
Tout homme qui sent là du cœur en a l'envie!

MARCEL, *à part.*

Est-ce railler, ou bien se change-t-il vraiment?

PAULIN.

L'or opère en mon cœur un bien doux changement!

MARCEL, *à part.*

Il est capable au moins de parler vrai... je peste!
Il croit ce que j'ai dit, maintenant, et de reste.

On revient du jardin.

SCÈNE V.

MARCEL, PAULIN, THÉODORE, FÉLIX, Mme DE ST-AMAND, QUELQUES INVITÉS.

Mme DE ST-AMAND, *à Théodore, avec vivacité.*

A la Bourse aujourd'hui dis-nous quels sont les [cours?

THÉODORE.

Toujours heureux et bons!

PAULIN, *à part.*

Bas et fatals toujours!

THÉODORE.

La foule à chaque instant y devient plus nombreuse!

PAULIN, *à part.*

A chaque instant grossit la foule malheureuse.

THÉODORE.

Le plus petit rentier apporte là ses fonds,
Se faisant déjà riche en ses calculs profonds;
Chacun dit : Actions!... C'est à ne plus s'entendre!
Chacun répond : Je prends!

PAULIN.

Car chacun voudrait prendre.

THÉODORE.

Parbleu, je pense fort que depuis le soleil,
Jamais notre univers ne vit rien de pareil!

Mme DE ST-AMAND.

C'est cette nouveauté qui fait le charme.

THÉODORE.

En somme,
On y fait son chemin.

Le valet introduit Maurice.

MARCEL, *étonné.*

Tiens, quel est ce jeune homme?

SCÈNE VI.

LES MÊMES, MAURICE, *très-pauvrement vêtu.*

MAURICE.

Pardonnez-moi, monsieur, si pour vous venir voir
Je me présente ici quelque peu tard, ce soir.

MARCEL.

A qui, monsieur?...

PAULIN, *allant à Maurice et lui faisant amitié.*

Marcel, c'est ton gendre Maurice!

MARCEL, *avec humeur.*

Eh! mais que dites-vous? Quel est votre caprice?

PAULIN.

Regarde, c'est bien lui! Mais comme il a grandi!
A le revoir, vraiment je me sens reverdi;
Depuis six ans bientôt qu'on ne l'a vu!

Mme DE ST-AMAND.

Son gendre?...

PAULIN.

On donne son enfant, même avant qu'on l'en- [gendre;
C'est la mode chez nous.

Mme DE ST-AMAND, *à Marcel.*

Qu'entends je? et mon neveu?

MARCEL, *bas.*

Non, c'est un jeu, madame, et c'est un mauvais [jeu;
Mon frère devient fou!

A Théodore.

Vous avez ma parole;
Ma fille pour vous seul d'épouse apprend son rôle.

A Maurice qui cause bas avec Pauline.

Monsieur Maurice ici, d'où me vient cet honneur?

MAURICE, *à part.*

Quel ton!... Depuis longtemps je n'ai plus de bon- [heur.

Haut.

Mon père est mort, monsieur, et j'ai quitté ma [mère
Pour venir à Paris chercher... la vie amère!
Je ne la cherchais point, plutôt; mais cependant
Je l'ai trouvée, hélas! sur mes pas se rendant.
J'avais des goûts d'artiste, et je croyais possible
D'arriver au sommet d'un roc inaccessible.
Je me trompais! — Ma mère ensuite vit son bien
S'engloutir tout entier; elle resta sans rien!
Je dus penser alors à travailler pour elle,
Je voulus réparer notre perte cruelle,
Mais seul ici, tout seul, je restai sans emploi; —
Elle fut malheureuse et misérable, moi!
Ma mère n'osa point au sein de sa détresse,
Vous demander conseil. — J'ignorais votre [adresse. —
Nous avons végété depuis assez longtemps,
Sans nuls biens, sans amis, et presque sans parents.
Je ne connais, pour moi, qu'une seule personne,
Mais que j'aime du moins, car sa nature est bonne!
C'est un artiste aussi. Nous vivons tous les deux,
Peintre et poëte, hélas! mêlant nos sorts affreux.
Nous offrons à placer, avec grand bénéfice,
Un petit bien, pour vivre.

MARCEL, *vivement.*

Ah! je prête, Maurice.

Il se dirige vers l'argent.

MAURICE.

C'est mon ami, le peintre, et c'est à lui le bien;
Moi, je suis le poëte, et ne possède rien.

MARCEL, *revenant avec embarras.*

Bas.

Ah! c'est vous le poëte?... On ne peut pour ses [rimes
Prêter sans garantie à ses bonnes maximes.

MAURICE.

Dans ce siècle d'argent, avoir est un grand point;
Presque tout le monde a, mais nous nous n'avons [point,
Et ce point malheureux semble rester durable!
Si nous avions un peu...

MARCEL.

Ce serait préférable.

MAURICE.

En travaillant beaucoup nous vivrions, je crois.

THÉODORE.

Travaillez à présent!

MAURICE.

Donnez-nous des emplois?
Nous sommes mal vêtus, dès lors on nous refuse;
On croit, chez les heureux, que chez nous rien ne [s'use;
S'il est mal mis, un homme est un vil débauché; —
Nous l'étions mal, on crut que nous avions péché,
Et l'on se défia! — Cependant la misère
Augmentait tous les jours, et surtout chez ma mère.
Occupés à souffrir, nous ne pouvions porter
Nos essais chez personne, et partant rien tenter!
Désespéré, j'écris dans ma ville natale,
A votre oncle, messieurs, une lettre où j'étale
Le récit de nos maux, de nos tourments; enfin
Je reçois quelque espoir.

THÉODORE, *à part.*

C'est une triste fin.

MAURICE.

Et j'apporte chez vous cette lettre adressée.

PAULIN.

J'en suis heureux, Maurice!

MARCEL, *à part.*

Elle est donc bien pressée?

Il prend la lettre et lit.

PAULIN.

Notre oncle a deviné mes désirs, il paraît.

MARCEL.

Il dit de vous donner secours, aide, intérêt.

MAURICE, *ému.*

Il est bon, et je l'aime! Un jour, moi, je l'espère,
Je le remercîrai...

PAULIN, *avec bonté.*

C'est l'ami de ton père!...

MARCEL, *à part.*

Notre oncle ignore-t-il, ô le provincial!
Que pour tout intérêt il faut un capital?
Que faire d'un enfant pas riche... et puis poëte?...

PAULIN.

Tu me verras toujours ton ami; — je regrette
De n'avoir point connu votre malheureux sort;
Pourquoi venir si tard?

MARCEL, *à part.*

Bah! il n'a point eu tort! —
J'étais dans l'embarras, il augmente ma gêne;
S'il n'était point venu j'eusse été moins en peine.

Voyant sa fille venir.

Bon, voilà que ma fille arrive en cet instant;
Je donnerais Maurice et mon oncle à Satan!

SCENE VII.

LES MÊMES, ELVIRE, JEANNETTE.

PAULIN.

Chère Elvire, je t'offre un jeune ami d'enfance.

ELVIRE, *à Jeannette.*

C'est Maurice; ô mon Dieu, quelle pauvre appa- [rence!
Il a donc bien souffert?...

PAULIN.

Dis, le reconnais-tu?

ELVIRE.

Oui, mon oncle.

MAURICE, *à part.*

Est-il vrai, quoique si mal vêtu?

Il s'avance avec transport vers Elvire.

MARCEL, *le retenant.*

Un moment, s'il vous plaît; je présente ma fille.

Il présente Elvire aux Invités et la laisse au milieu d'eux.

MAURICE, *avec douleur, à part.*

J'ai grandi, je suis pauvre... et plus de la famille!

PAULIN, *à Maurice.*

Oh! c'est affreux, cela! — Du cœur, mon pauvre [enfant;
Je combattrai pour toi, tu seras triomphant!

THÉODORE, *à Elvire.*

Madame, il est certain que, tous les jours plus belle,
Le diamant sur nous perd sa vive étincelle.

ELVIRE.

C'est trop flatteur, monsieur...

PAULIN, *à part.*

Des riens brillants encor!

ELVIRE.

Quand chacun ne voit rien de plus beau que son or.

Mme DE ST-AMAND.

Rien de mieux en effet qu'une belle fortune;
Une femme excepté, qui vraiment en est une.

PAULIN.

Je ne sais, pour ma part, dans cette invention
Si la seconde ligne est une exception;
Mais je sais que de l'or on chérit le chapitre.

MARCEL.

Moi, je vendrais mon nom pour de l'or!

FÉLIX.

Moi, mon titre! —
Et toi, ma femme, et toi, dis-nous, que vendrais- [tu?

Mme DE ST-AMAND.

Moi?... mais... je ne sais pas.

PAULIN, *bas.*

Elle vend sa vertu!
Elle avait un amant, chéri, savant et sage,
Mais pauvre; — elle épousa l'or d'un sot person- [nage!

MARCEL.

Rien de plus précieux vraiment que les métaux;
Et l'or en est le roi; l'or guérit tous les maux!
Le rechercher partout est mon unique affaire;
Puisqu'il nous rend heureux, qui donc pourrait [mieux faire?...

Avec frénésie.

Qui veut tout mon bonheur...

Tous se rapprochent vivement.

... pour un million comptant; —
Je ferais ce marché!

PAULIN.

Mais vous seriez content?

MARCEL.

Oui, oui!

PAULIN, *avec indignation.*

Servez-moi donc votre titre de père;
Tout votre cœur... s'il aime!

MARCEL, *haussant les épaules.*

Eh!...

PAULIN.

Vous gagnez, j'espère

MARCEL, *embarrassé.* [heur,
Comme tu prends cela! J'entends par mon bon-
Mes satisfactions, non mes besoins du cœur.

PAULIN.
Mais vous déraisonnez! L'or rend donc bien peu

MARCEL. [sage?
Il est Dieu sur la terre et je lui dois hommage!

PAULIN, *à part.*
Il est si bon encore, et croit si peu pécher,
Qu'il se garderait bien, ma foi, de s'en cacher.

ELVIRE, *à Théodore.*
Vous voyez, l'or pour tous est la chose adorée,
Et votre flatterie était exagérée.

THÉODORE.
De même que chacun, de tout cœur j'aime l'or;
Mais, veuillez y songer, vous êtes un trésor!

PAULIN, *à part.*
C'est le trésor qu'il aime et c'est lui qu'il convoite.

Mme DE ST-AMAND.
On conte à ce sujet une aventure adroite. [biens,
Un jeune homme connu, mais sans place et sans
D'un splendide hyménée a conquis les liens.
Voici ce qu'il en est : — Les parents de la fille
Exigeaient une dot pour la mettre en famille;
Le jeune homme avisa plusieurs de ses amis
Qui prêtèrent des fonds, après l'hymen remis.

Tous rient en plaisantant.

MAURICE, *bas.*
S'égayer de cela?... mais c'est voler une âme!

PAULIN, *bas.*
On ne fait point de cas d'un avenir de femme,
Et l'or était en jeu!

Mme DE ST-AMAND, *riant.*
Que dites-vous du tour?

PAULIN, *avec ironie.*
Je dis que c'est parfait; c'est... gagner en amour!

Mme DE ST-AMAND, *bas.*
Nous le faisons aussi, n'est-ce pas, Théodore?

THÉODORE, *bas.*
Pour qu'un richard m'avale, il faut bien qu'on me

Mme DE ST-AMAND. [dore.
On t'avalerait bien sans cela, cher petit;
Et mieux qu'une pilule.

THÉODORE, *riant.*
Oh! non!

Mme DE ST-AMAND.
Il contredit,
Mais seulement pour rire.

On entend depuis quelques instants le son d'un orgue de Barbarie.

PAULIN, *allant à la fenêtre.*
Une voix d'indigence!...
Nous parlons intérêt, elle parle obligeance.

Il donne une aumône à Jeannette, pour qu'elle la porte aux malheureux.

Mme DE ST-AMAND.
Il est des vauriens, au sein de cette gent,
Qui font ce vil métier pour gagner de l'argent.

PAULIN, *ironiquement.*
Pour cela rien n'est vil; tout est fort honorable.

JEANNETTE, *à la fenêtre.*
Cette femme sans doute est vraiment misérable;
Elle pleure, elle a faim, elle a froid; son enfant,
Couvert de trous, en vain contre l'air se défend.

MARCEL, *donnant fastueusement une pièce de cinq francs à son valet.*
Victor, secourez-les! Pour eux, moi je soupire.

ELVIRE, *bas.*
Donne-leur ce denier, Jeannette, et sans mot dire.

MAURICE, *donnant furtivement deux sous au valet.*
Je ne puis que donner l'obole du malheur.

MARCEL, *en se frottant les mains.* [cœur!
Si Dieu rend au centuple, on gagne, ayant du
Dans dix ans, ces cinq francs me vaudront... une
[somme!
Tout est profit! on gagne en aidant un pauvre
[homme!

A Paulin.
Tu le vois encor là; tes discours ne sont rien!
Sans amasser d'argent comment faire du bien?

PAULIN. [plus sage. —
Plutôt que d'en donner, n'en prends pas, — c'est
Beaucoup d'or rend d'ailleurs défiant, sans cou-

MARCEL. [rage.
Tu n'es qu'incorrigible.

PAULIN.
Et tu n'es qu'entêté!

MARCEL.
Ton discours est bizarre.

PAULIN.
Et le tien hébêté.

MARCEL.
Tes propos me font mal.

PAULIN.
Et les tiens me font rire.

MARCEL.
Tout le monde est pour moi.

PAULIN.
Cela ne veut rien dire;
On est chez toi, mon cher, on doit être galant.

MARCEL.
Tu ne l'es guère, toi!

PAULIN.
Pour moi c'est différent!
Je professe avant tout, moi, la philosophie.

MARCEL.
Mais tu l'enseignes mal de peur qu'on ne s'y fie.

PAULIN.
Tu le crois?

MARCEL.
J'en suis sûr.

PAULIN.
Daigne me pardonner?

MARCEL.
Je prouverais...

PAULIN.
Voyons?

MARCEL, *avec dépit.*
Plus tard; allons dîner.

PAULIN.
N'attends pas le dessert, ne prouve rien à table;
Ton discours, là surtout, deviendrait détestable! —
Mais je voudrais ici que tu susses prouver
Que ce n'est pas en vain que l'on vient te trouver.

A Maurice inquiet donne un conseil... qui vaille;
Promets-lui ton secours.

MARCEL.

Je veux bien; qu'il travaille.

MAURICE.

J'ai travaillé déjà, chaque jour, chaque nuit,
Mais mon travail encor n'a point germé de fruit.

MARCEL.

Il est bien peu fécond! — Quelle est sa maladie?

MAURICE.

Mon malheur.

MARCEL.

Qu'est-ce donc?

MAURICE.

C'est une comédie.

MARCEL.

Des poëmes toujours!... Vous êtes malheureux;
Vous subirez, mon cher, un destin rigoureux;
Des poëtes partout! — Ceux qui sont sans fortune,
Sont des fous, en trois mots. Qu'ils n'en cherchent [point une! —
Redoutez l'hôpital! si vous rimez des vers
Vous avez, sans raison, la raison de travers.
Qu'on laisse ces écarts aux personnes aisées
Qui font par passe-temps des phrases malaisées!
Prenez plutôt métier de découper du lard.

MAURICE.

Ce n'est point le plaisir que je poursuis, c'est l'art;
Et l'art est un travail.

MARCEL.

On n'est plus si novice!
Ce que l'on appelle art, n'est rien au fond qu'un [vice.
Il n'est qu'un art au monde; il consiste à gagner;
Mais penser, mais rêver, c'est s'en fort éloigner!
Je connais un poëte: Ah! mais lui, plein de chance;
Il écrit, et du coup dans la fortune avance!
Et chacun de ses vers eût produit en valeur...
Un napoléon d'or...

PAULIN.

Du temps de l'empereur!

MARCEL.

Après un grand succès un plus grand vient encore!
Et ce poëte-là, c'est monsieur Théodore.

PAULIN.

J'ignorais que monsieur fût artiste si grand.

ELVIRE.

Quoi! monsieur est poëte? et j'étais l'ignorant;

THÉODORE.

Oui, mais pour vous servir.

A part.

Si grand! qui l'eût pu croire?
Pourquoi les détromper? Profitons de ma gloire;
Elle est si rare, hélas!

Haut.

On admit aux Français
Un drame qui m'obtint le plus brillant succès;
Et deux pièces encor qui me furent jouées
Reçurent même honneur.

PAULIN, *à Maurice.*

Couvertes de huées.
De cris et de sifflets et de trépignements,
Ces pièces prennent l'air et sont sans logements.

MARCEL, *à Maurice.*

Dans votre état d'auteur croyez-vous qu'on ba- [dine?...

On entend sonner le dîner.

Au revoir!

Aux Invités.

Hâtons-nous.

PAULIN.

Sans nous crains-tu qu'on dîne?

MARCEL.

Non, mais...

A part.

Je suis content de quitter ce local.

PAULIN, *bas, montrant Maurice absorbé et triste.*

Et Maurice?...

MARCEL, *bas, brusquement.*

Il a l'air d'un objet en bocal!

Paulin serre la main à Maurice.

SCÈNE VIII.

MAURICE, *seul.*

Ah! voilà donc le cas qu'on fait de toi, poëte?
Quand tu sentais ton art bouillonner dans ta tête,
Un homme, qui t'aima dans un passé meilleur,
Vient te glacer d'un souffle et cruel et railleur!
Ton talent est un vice et ta tête une folle;
Pour apprendre à compter, va, retourne à l'école;
Ta verve est un plaisir que tu vole aux heureux!
Prends un métier, poëte; apprends: deux fois un, [deux! —
Quand elle a froid et faim la muse est importune;
Pour être un bon poëte, il faut de la fortune;
Maintenant elle est tout! L'art marche d'un pas [lent;
L'or est le seul engrais où germe le talent!...
Moi, je venais ici, ma dernière espérance;
Je croyais retrouver mes bons amis d'enfance,
Un secours pour ma mère, un remède à mes maux;
Mais rien!... qu'esprit cupide et qu'instincts ani- [maux! —

Il s'avance vers l'or resté sur le secrétaire.

Froissé par leurs dédains, meurtri par ma misère,
Poussé par les besoins, par la faim de ma mère,
Je volerais cet or qui domine leurs sens,
Si l'honneur n'avait pas des attraits plus puissants!
Ah! je les plains plutôt que je ne les méprise;
Ils connaîtront un jour leur funeste méprise;
Un jour ils reviendront vers l'art abandonné,
L'art, le seul bonheur pur que Dieu nous ait donné!
Aujourd'hui dans l'auteur c'est son bien qu'on [adore;
Je diffère beaucoup de monsieur Théodore;
Son mérite est certain: il a su s'enrichir!
Le mien est contestable: en est-ce un, réfléchir?

Babylas arrive avec des fleurs.

SCÈNE IX.

MAURICE, *rêveur*, BABYLAS.

BABYLAS, *sans être vu.*

Tiens, quel est ce monsieur près des écus en pile?

S'il est voleur, eh bien! il se fait peu de bile;
Il vole en philosophe, en pensant gravement!

MAURICE, *se croyant seul.*

Il faudrait les changer!...

BABYLAS.

De place assurément!

MAURICE.

Comment y parvenir?

BABYLAS.

C'est un peu difficile.

MAURICE.

Sans influence, hélas! contre un monde indocile!

BABYLAS.

Que dit-il?...

MAURICE.

Je suis fort! mais pauvre, par malheur!
Comment donc m'enrichir?

BABYLAS.

Ah! l'honnête voleur!
Il a l'occasion, il est fort, il envie,
Et demande un moyen?... c'est qu'il se mortifie!

MAURICE, *se retournant.*

Mais qui parle?...

BABYLAS, *s'inclinant.*

Ah! pardon!

MAURICE.

Quoi! c'est toi, Babylas?

BABYLAS.

Mais... vous me connaissez? êtes-vous sûr, hélas!
A part.
Où puis-je l'avoir vu ce voleur?

MAURICE, *lui prenant les mains.*

C'est Maurice!

BABYLAS, *étonné.*

Maurice?... le petit?... Mais oui! — Quelle injus-
Je vous croyais un gueux! [tice!

MAURICE.

Je le suis, pauvre ami;
Je suis dans la misère, et bien plus qu'à demi.

BABYLAS.

Et votre mère?

MAURICE.

Aussi.

BABYLAS, *avec peine.*

Mon Dieu, quelle infortune!
A part.
S'il en avait plusieurs, moi j'en prendrais bien une!

MAURICE.

Toi? ton fils? ta famille?

BABYLAS.

Ils sont et je suis bien.
Mon fils, qui promettait d'être un grand vaurien,
N'a pas tenu parole; il travaille en province,
Et gagne, en commerçant. — Quoique son gain
[soit mince,
Il a mis de côté quelque argent amassé,
Qui deviendra plus tard du bonheur entassé.
Çà s'entasse à présent le bonheur; et Jeannette
Que mon fils aime encor, veut une somme nette,
Le jour où, dans Paris, il viendra l'épouser;
La futée! elle a peur de se faire blouser!

SCÈNE X.

MARCEL, MAURICE, BABYLAS, *puis* PAULIN.

MARCEL, *sans être vu.*

Je viens serrer mes fonds.... quelle idée insensée!
Les abandonner là.

MAURICE.

Tous la même pensée!
Il fait douter de tout, l'amour de ce métal!

MARCEL.

Hein? que dit-on de moi?

MAURICE.

Jeannette aussi? C'est mal.

MARCEL, *se parlant seul.*

Non, il n'est point voleur; mais certes il n'est pas
[riche;
J'ai des précautions. — Si j'avais un caniche,
Je le ferais veiller, couché sous mon bureau;
Il ne pourrait rien prendre, ou ce serait nouveau;
Je me fierais à lui.
Il est près du bureau sans être vu.

MAURICE.

Tout change chez ton maître.

MARCEL, *à part.*

Avec un chien prudent je pourrais ne pas l'être.
Il ferme le bureau.

PAULIN. *Depuis quelques instants il est entré et s'est placé derrière Marcel, qui se retourne vivement.*

Je te l'ai dit, Marcel, trop d'or rend défiant;
C'est indigne!

MARCEL, *avec colère.*

Eh! parbleu! je serai confiant!
Mon frère me trahit et contre moi s'escrime!

BABYLAS, *bas à Maurice, en reprenant ses fleurs.*

Comme ils sont venus là; comme pour faire un
[crime!

PAULIN.

Moi, je ne te trahis en aucune façon;
J'avais besoin ici.
A Maurice qui part.
Parlons-nous, mon garçon!

MARCEL, *sortant.*

C'est étrange aujourd'hui; tout contre moi cons-
[pire!

BABYLAS, *sortant.*

Je n'ai pas conspiré, moi, je le puis bien dire.

PAULIN, *donnant de l'argent à Maurice.*

Maurice, prends cela. Ton vieil ami Paulin
Redoit six jours de l'an à son petit malin!
Il n'a pas changé, lui! — Dis, viens à ma demeure.
Demain; nous causerons; — je ne puis à cette
[heure

MAURICE, *avec affection.*

Vous, l'ami de mon père, hélas! le seul ici!
Vous me sauvez!...

PAULIN.

Eh bien, j'en suis heureux; merci!

SCÈNE XI.

MAURICE, *puis* THÉODORE.

Babylas arrange des fleurs dans le fond.

MAURICE.

Entre Marcel et lui, Dieu ! quelle différence!
Paulin dans son métier n'a point de concurrence;
Il est reconnaissant de m'avoir fait du bien !

THÉODORE, *entrant en réfléchissant*

Comment vais-je entamer ce petit entretien?

A Maurice qui le regarde.

J'aurais besoin de vous.

MAURICE.

Et moi, monsieur, de même.

THÉODORE.

Pour des vers amoureux.

MAURICE.

Moi pour ceux d'un poëme.

THÉODORE.

Je voudrais...

MAURICE.

Je désire...

THÉODORE.

Et j'espère...

MAURICE.

Obtenir...

THÉODORE.

De vous...

MAURICE.

Monsieur...

THÉODORE.

Comment?...

MAURICE.

Quoi?...

THÉODORE, *avec impatience.*

Je n'y puis tenir!
N'êtes-vous pas poëte?

MAURICE.

Hélas! je voudrais l'être;
Me faire comme vous par trois succès connaître!

THÉODORE, *à part.*

Peste, il se souvient trop!

MAURICE.

Je vous demande appui!

THÉODORE, *à part.*

Pour rimer, je n'en sais, ma foi, pas tant que lui!

Haut.

Et je vous le promets! — Prêtez-moi votre plume,

Il le fait asseoir au bureau.

Un instant seulement; — je souffre d'un gros [rhume;
Quand j'écris, je fatigue! ayez donc la bonté
De rimer un sonnet...

MAURICE.

Le titre?

THÉODORE.

A la beauté!

MAURICE.

J'y suis, monsieur; dictez,

THÉODORE, *embarrassé.*

Non, c'est par complaisance...
Pour savoir... le degré de votre intelligence.

Pendant que Maurice écrit.

Je vais me marier; c'est un parti de cœur;
Beaucoup d'argent surtout; j'exprime mon ardeur.

MAURICE, *s'arrêtant d'écrire.*

Mais alors, parlez donc!

THÉODORE, *avec importance.*

Trop petite matière!

Pendant que Maurice écrit.

J'épouse, il va sans dire, une riche héritière;
Une fille *sans mœurs* n'est point faite pour moi!

MAURICE.

Sans mœurs, de sans fortune est synonyme, eh [quoi!
Cette indigne épithète au nom pur d'une femme
Pauvre, mais vertueuse, est une chose infâme!
L'argent c'est la vertu! c'est la moralité!
Malheur à qui n'est pas sous l'argent abrité!

THÉODORE, *riant.*

Pour mes vers, ah! du moins n'employez pas ces [rimes,
Qui, mieux qu'avec amours, marcheraient avec [crimes!

MAURICE.

Mais ce mot m'a fait mal!

THÉODORE.

Remettez-vous un peu;
Vous combattrez plus tard pour les mœurs, s'il se [peut!

MAURICE, *donnant le sonnet.*

C'est fait.

THÉODORE, *avec étonnement.*

Il est alors bien moins long que les nôtres!...

A part.

Bonasse! à son amante il fait l'amour pour d'au- [tres!

MAURICE, *le regardant.*

Les sonnets sont toujours de la même longueur.

THÉODORE.

Ah!... c'est très-vrai... sans doute... et de même [largeur!

MAURICE.

Je vous soupçonne fort de ne savoir écrire;
De toutes vos chansons j'ai grand besoin de rire!

THÉODORE, *embarrassé, riant.*

Vous le croyez?... eh bien! je n'ai rien fait encor!
J'ai rimé quelquefois, rimé des pièces d'or,
En vers de vingt rouleaux, dont la phrase argen- [tine
Murmurait sous mes doigts sa cadence divine;
Mais rien de plus jamais!

MAURICE, *ironiquement.*

Vos trois drames reçus?...

THÉODORE.

Venus d'un pauvre auteur dont j'ai trois bons [reçus!
J'ai voulu dans le monde avoir de l'importance;
Je m'en suis achetée!

MAURICE, *à part.*

Honneur à l'ignorance

Qui possède en écus la gloire et le talent!

THÉODORE.

Bas. [lent;
Mon succès fut heureux!... quoique un peu vio-
Haut.
Cela m'a bien posé.

MAURICE.

Vous êtes un grand homme!

THÉODORE.

Ma future exigeait qu'on écrivît un tome;
J'en ai commandé trois pour lui faire ma cour.

MAURICE.

L'auteur doit être alors chéri d'un triple amour?

THÉODORE.

Il m'a vendu ses droits, et c'est moi qui profite!

MAURICE.

Mais s'il revient plus tard?

THÉODORE.

Nous sommes quitte à quitte!
Je l'ai payé.

MAURICE.

Par l'or il fut donc séduit?
Car moi, je ne vendrais, à la mort réduit,
Pas plus mes vers, soupirs échappés de mon âme,
Que cet anneau, témoin d'un amour pur de femme!

THÉODORE, *prenant l'anneau avec étonnement.*

Vous êtes malheureux?... mais pas encore tant!
On a toujours du pain quand on possède autant.

MAURICE.

Non, car si j'étais mort, ma volonté dernière
Eût ordonné qu'on mît cet anneau dans ma bière;
Il ne m'eût pas quitté! — Moi le vendre? oh! ja-
[mais!
Elvire, qu'autrefois comme une sœur j'aimais,
Et que j'aime autrement aujourd'hui, mon Elvire!
Je la perdrais en lui!

THÉODORE, *joyeux, à part.*

Bon! que vient-il de dire?...
Mon mariage est sûr maintenant, par ce coup;
Changeons d'anneau: — j'y perds, mais j'y gagne
[beaucoup!
Haut.
Je m'absente un peu trop, je crois, de notre
[monde;
Donnant l'anneau changé.
Grand merci de vos vers, que l'amour les seconde!

MAURICE, *à Babylas qui est au fond.*

Il a changé d'anneau! Retiens-le, Babylas!

THÉODORE, *à Babylas qui va le retenir.*

Deux actions pour toi, mais ne me retiens pas.

SCENE XII.

MAURICE, BABYLAS.

BABYLAS, *à part.*

Entre deux actions, je dois cesser la mienne.

MAURICE.

Je t'ai pourtant crié que tu me le retienne!
Tu me trahis aussi, c'est bien mal!

BABYLAS, *avec peine.*

Ah! c'est vrai;
Oui, c'est mal!... Votre anneau?... mais je vous
[le rendrai!

MAURICE.

Comprends que cet anneau fait le sort de ma vie;
C'est mon sort qu'il m'a pris!

BABYLAS.

D'argent maudite envie,
Qui me fait mal agir sans que je sois mauvais!
Votre sort?... si le mien?... mais! ah! si je pou-
[vais!

MAURICE.

Elvire doutera de mon cœur qui l'adore;
Je n'ai plus son anneau!

BABYLAS, *sortant avec colère.*

J'aurai ce Théodore!...

SCÈNE XIII.

MAURICE, BABYLAS, JEANNETTE.

JEANNETTE, *heurtée par Babylas.*

Prends donc garde, étourdi! Tête folle, où vas-tu?
Elle se frotte le pied.
Tu m'as foulé le pied comme un terrain battu;
Ta jambe est un quintal!

BABYLAS.

Non, mais c'est l'habitude;
Il faut peser, vois-tu, quand le terrain est rude!

JEANNETTE.

Mais mon pied ne l'est pas! Si ton fils pèse autant,
Je ne suis pas sa femme.

BABYLAS.

Il n'écrase pas tant!

JEANNETTE, *à Maurice.*

Bonjour, monsieur Maurice; enfin, on peut le dire!
Parlons un peu de vous...

MAURICE, *vivement.*

Non, non! parlons d'Elvire.

JEANNETTE.

Vite ici je venais, moi, pour vous embrasser;
Ce serait déjà fait s'il m'eût laissé passer;
Mais... maintenant je n'ose...

MAURICE, *l'embrassant.*

Embrassons-nous, Jeannette!

BABYLAS, *à Jeannette.*

J'ai trop serré ton pied, lui pas assez ta tête.

JEANNETTE, *à Maurice.*

Comme je vous baisais quand vous étiez enfant!

MAURICE.

Parlons d'Elvire!

JEANNETTE.

Oh! non, son père le défend!
Mais je désobéis.

MAURICE.

Eh bien, dis, m'aime-t-elle?

JEANNETTE.

Je crois; comme toujours.

MAURICE.

Elle est encor plus belle
Qu'elle était autrefois, et j'ai senti mon cœur
L'aimer en fiancée; ah! c'est plus fort qu'en sœur!

JEANNETTE.

Je l'avais deviné.

MAURICE.

Sers donc notre tendresse!

JEANNETTE.

Mais de sa main déjà quelqu'un a la promesse.

MAURICE.

Comment? Quelqu'un? Qui donc?

JEANNETTE.

Je viens vous prévenir ;—
Je suis toute pour vous; mais elle va venir,
Montrez-lui votre amour.—Moi, je dois lui remet-
Un billet du futur... mais, prenez-le! [tre

MAURICE.

Ma lettre!
Jeannette, il est de moi!

JEANNETTE.

Bah!... je vais le donner,
De vous c'est différent.

MAURICE.

Non.

JEANNETTE.

Je puis m'étonner;
Vous prenez pour commis, ma foi, le futur même!

MAURICE.

J'écris pour mon rival à la femme que j'aime!

JEANNETTE.

C'est plaisant, mais enfin, puisque vous le voulez...

MAURICE.

Garde-toi...

JEANNETTE.

De le perdre? oh! je crois bien, allez!
C'est quelque tour adroit de bonne politique?

MAURICE.

Jeannette...

JEANNETTE.

Elvire vient.

MAURICE.

Attends, que je m'explique!

JEANNETTE.

Non, il n'est pas besoin; ce billet amoureux...

MAURICE.

Ne le donne pas!

JEANNETTE.

Quoi?...

MAURICE.

Non!

JEANNETTE.

Êtes-vous peureux!

SCÈNE XIV.

MAURICE, ELVIRE, JEANNETTE, BABYLAS, *dans le fond, à ses fleurs.*

MAURICE.

Elvire!

ELVIRE.

Maurice!

JEANNETTE.

Ah! la première entrevue

A Maurice.

Depuis six ans bientôt que vous ne l'avez vue!

Maurice et Elvire se regardent sans se parler.

Eh bien, qu'avez-vous donc? Vous demeurez muet?
Vous, muette?

Bas.

Ah! ma foi, je donne le billet!

MAURICE, *bas.*

Mais comment lui parler?

ELVIRE, *bas.*

Que veux-tu que je dise?

JEANNETTE.

Êtes-vous deux humains, ou deux piliers d'église?

MAURICE, *bas.*

Faut-il l'appeler: *Vous?*

ELVIRE, *bas.*

Dois-je le nommer: *Toi?*

MAURICE, *bas.*

Je me gêne à présent.

ELVIRE, *bas.*

Je n'ose pas.

JEANNETTE.

Eh quoi!
Sur le choix d'un pronom vous voilà bien en peine!
Parlez-vous sans cela.

ELVIRE.

Tu doubles notre gêne;
Comment parlerons-nous sans user d'un pronom?

JEANNETTE, *à part.*

C'est trop vrai!

Haut.

Parlez-vous en enfants, sans façon!

MAURICE.

Quand nous étions enfants, nous disions, il me

ELVIRE. [semble...

Vous vous en souvenez?

MAURICE.

Et vous?

JEANNETTE.

Tous deux ensemble
Vous l'oubliez, je crois!

MAURICE.

Je me souviens du moins
Qu'à vous plaire toujours je mettais tous mes soins;
Que j'étais trop heureux, Elvire, en ta présence....
Et vous devriez bien me permettre l'enfance!

ELVIRE.

Je me souviens aussi des moments de bonheur
Où, Maurice, à mes pieds tu m'exprimais ton cœur,
Et... vous devriez bien me l'exprimer encore!

MAURICE.

Il est toujours le même, Elvire! je t'adore!

ELVIRE, *avec amour.*

Regarde ton anneau, gage de tes serments,
Je l'ai toujours gardé...

Elle prend la main de Maurice.

Mais le mien?...

MAURICE.

O tourments!...

ELVIRE.

Tu l'as changé, Maurice!...

MAURICE.

Oh, non!

ELVIRE.

C'en est un autre!
Vous me trompez, monsieur; reprenez donc le

MAURICE. [vôtre.

Je n'ai plus cet anneau...

ELVIRE.

Je me marie, alors.

MAURICE.

Attendez!

ELVIRE, *avec dépit.*

Çà me presse.

MAURICE.

Écoutez-moi.

ELVIRE.

Je sors.

MAURICE.

Laissez-moi donc parler!

ELVIRE.

Non, non, c'est inutile.

MAURICE.

Je suis victime, hélas! d'une action bien vile!...
Écoutez-moi!

ELVIRE.

Non, dis-je.

MAURICE.

Eh bien, vous résistez!
Vous n'avez plus d'amour, c'est vous qui me quittez!

ELVIRE, *s'arrêtant un peu.*

C'est vrai.

MAURICE.

Je n'ai point d'or, moi, pour celle que j'aime;
Il en faut à ton père, à tous, à toi de même;
Et tu fuis mon amour pour suivre l'intérêt!

ELVIRE.

Oui.

JEANNETTE.

Non, vous vous trompez!

MAURICE.

Elle m'écouterait,
Si ce n'était cela!

ELVIRE.

C'est cela, je vous prie.

MAURICE.

Mais Dieu maudit les Juifs de leur idolâtrie!...

ELVIRE.

Eux, ils adoraient l'or sous la forme d'un veau;
Mais pour l'or en monnaie on peut être dévot.

MAURICE.

J'ai donc dit vrai?

ELVIRE.

Sans doute.

MAURICE.

Alors, jamais, madame,
Je ne veux être aimé par un tel cœur de femme!

ELVIRE, *s'en allant.*

Vous ne le serez pas.

JEANNETTE, *voulant les rapprocher.*

Mais allez-vous finir
De commencer ainsi!

A Elvire.

Vous, veuillez revenir;

A Maurice.

Et vous veuillez rester. Que l'amour est peu sage!

A Maurice. A Elvire.

Vous, parlez de l'anneau; vous, pas du mariage.

ELVIRE.

Je pars.

MAURICE.

Elle me chasse alors de sa maison!

JEANNETTE.

A Elvire. A Maurice.

Allons, vous avez tort; et vous, pas trop raison.

MAURICE.

Adieu, madame Elvire.

ELVIRE.

Adieu, monsieur Maurice.

MAURICE.

C'est trahison, chez moi.

ELVIRE.

Chez moi, c'est avarice.

SCENE XV.

MAURICE, BABYLAS, *quittant ses fleurs.*

BABYLAS.

Si je puis vous aider?

MAURICE.

Nous verrons, Babylas.

BABYLAS.

Je vous aiderai mieux que pour la bague, hélas!

MAURICE.

Tu me feras plaisir.

Réfléchissant.

Quittons cette demeure,
Et de l'argent que j'ai faisons l'emploi sur l'heure;
De réussir encor je conserve un espoir.

BABYLAS, *seul.*

Pourvu qu'il réussisse autrement que ce soir.

ACTE DEUXIÈME.

SCENE PREMIÈRE.

ELVIRE, JEANNETTE.

ELVIRE.

Puisque enfin à la rage il excite mon âme,
Il saura jusqu'où va la fureur d'une femme.

JEANNETTE.

Non, non, vous avez tort;—entendez votre amant!
On en condamnerait un bien long régiment
Si c'était chose à faire à la moindre apparence;
Et les saints seuls pourraient soutenir concurrence.

ELVIRE.

Mais que de perfidie, avoir changé d'anneau!...
Tu me diras peut-être encore que c'est beau?

JEANNETTE.

Non; mais nous ne savons...

ELVIRE.

Si, je sais;—je crois même
Que Maurice me hait, que Théodore m'aime.

JEANNETTE.

C'est un double malheur; vous rendez à chacun
Justement l'opposé!

ELVIRE.

Je n'en chéris aucun.
Crois-tu que j'aimerais maintenant ce Maurice,
Qui sut oser hier me taxer d'avarice?

JEANNETTE.

Le mot de trahison, dit à ce malheureux,
Sur son esprit aigri ..

ELVIRE, *vivement.*

Qu'importe; c'est affreux!
Ne me trompait-il pas en disant : Je t'adore?...
Le soir j'ai vu ma bague au doigt de Théodore,

JEANNETTE.

Alors que ferez-vous?

ELVIRE.

L'anneau, c'est mon amour;
Celui qui l'a m'aura.

JEANNETTE.

C'est un excellent tour!
Et vraiment, pour punir un amant qui vous aime,
Vous ferez bien, très-bien, de vous punir vous-[même.

ELVIRE.

Je ne me punis pas, je me venge.

JEANNETTE.

Ah! bien vu!...
Entendit-on propos de sens plus dépourvu?
Conservez ce projet et je veux qu'on en rie,
Qu'on voie avant un mois votre beauté flétrie,

ELVIRE, *vivement.*

Tu le crois?

JEANNETTE.

Je le crois.

ELVIRE.

Mais...

JEANNETTE.

J'en suis sûre.

ELVIRE, *après avoir un instant réfléchi.*

Eh bien,
Dis ce que tu voudras, cela ne me fait rien.
Je plaignais mon amant hier dans l'infortune,
Qu'il me plaigne à son tour, lui qui m'en prépare [une.

JEANNETTE.

De mieux en mieux parlé! — Mon Dieu, dit-on ja-[mais :
Je me venge sur moi de celui que j'aimais?...
L'amour est toujours fou, d'erreur dans la jeunesse;
Et vieux, il l'est encor, par excès de sagesse!

SCÈNE II.

MARCEL, PAULIN, ELVIRE, JEANNETTE.

Marcel et Paulin entrent en se parlant.

PAULIN, *semblant continuer un entretien.*

Sans doute, il est poëte; est-ce une objection?
J'examine en tout point ton hésitation,
Et je ne puis trouver, en creusant ma cervelle,
La raison qui t'engage à te rendre infidèle.

MARCEL, *d'un ton bourru.*

Passe encor pour cela; mais le plus affligeant,
C'est qu'il a le défaut de n'avoir point d'argent.

Paulin le regarde fixement et avec embarras.

Quand je dis de l'argent, lui seul n'est pas en cause;
Argent, or ou papier, tout... valant quelque chose.

PAULIN.

L'avenir de Maurice...

MARCEL.

Hé! c'est fort incertain;
L'avenir au présent ne donne pas de pain;
J'aime mieux du passé monnayé pour ma fille
Qu'un lointain avenir où l'or en espoir brille;
Ce qu'on verra vaut moins que ce que l'on a vu;
Si Maurice promet, Théodore a tenu!

PAULIN.

Tu promis comme un d'eux, sans tenir comme [l'autre.
Ta parole est donnée...

MARCEL.

Ah! ne fais pas l'apôtre!
Jetterais-tu ta fille et ton bien au hasard?
J'ai promis autrefois pour des fonds; mais plus tard
Les fonds sont disparus, et d'espoir l'on me paie;
Je puis changer d'idée, on change de monnaie.

PAULIN.

Maurice en travaillant est sûr de parvenir!

MARCEL.

Non, non, il n'a point cours l'argent de l'avenir!
Quel curieux contrat! une fortune immense
D'une part, et de l'autre, une belle espérance!

Il rit.

PAULIN, *à Elvire.*

Elvire, écoute mieux les sentiments d'honneur,
Et fuis une alliance, obstacle à ton bonheur.

MARCEL, *avec entêtement.*

Théodore est choisi!

ELVIRE.

Quoi! vous voulez, mon père...

MARCEL.

Ce n'est pas moi qui veut, c'est son argent, ma [chère.

ELVIRE.

Mais...

MARCEL.

Tu m'avais paru consentir!

ELVIRE.

Ce matin;
Mais je croyais encor ce projet incertain.

Suppliante.

Ne me mariez pas; qu'auprès de vous je reste;
Car enfin, Théodore...

MARCEL.

Eh bien?

ELVIRE.

Je le déteste.

MARCEL.

Pas possible!

ELVIRE.

Il est sot, nul, et ne m'aime pas.

MARCEL.

Au contraire!

JEANNETTE.

Il vous aime avec folie!

MARCEL.

Hélas!
Qu'importe la science où la fortune abonde?
Les écus sont savants! Et d'ailleurs, dans le monde
On apprécie un homme au degré de son bien;
Et même le plus sot, ayant de l'or, est bien!
Cédez-moi donc un peu; car, songez-y, ma fille,
Il faut qu'un père fasse un sort à sa famille!

ELVIRE.

Aimez mieux vos enfants; ces calculs dangereux
Les sacrifieraient tous pour servir chacun d'eux.
Je hais ce Théodore et n'en veux pas!

JEANNETTE, *bas, à Elvire.*

Je gagne!

ELVIRE, *avec dépit.*

Pas encor!

MARCEL.

Réfléchis.

ELVIRE.

Je serai sa compagne.

Bas à Jeannette.

C'est me venger!

PAULIN, *stupéfait.*

Comment?

MARCEL, *embrassant Elvire.*

Ah! je suis satisfait!

JEANNETTE, *avec ironie.*

Vous serez la moitié d'un sot?...

MARCEL, *content.*

Bien!

ELVIRE, *s'enfuyant avec effroi en voyant venir Théodore.*

Qu'ai-je fait?

SCENE III.

MARCEL, *joyeux;* THÉODORE.

THÉODORE.

Je suis donc effrayant? d'où vient qu'on se retire?

MARCEL.

Non, non; c'est par pudeur.

Lui serrant les mains.

Elle consent, Elvire!
L'aveu de son amour vient de se faire ici.

THÉODORE.

Et parce qu'elle m'aime, elle me fuit ainsi?

MARCEL.

Un jeune cœur se trouble en avouant sa flamme.

THÉODORE.

Pourquoi se trouble-t-il, puisqu'il devient ma femme?

MARCEL.

L'excès d'amour, beau gendre!

THÉODORE.

Ah! beau-père, charmé!
Charmé de devenir époux et d'être aimé!
C'est si rare aujourd'hui!

MARCEL.

Vous, flattez-vous de l'être!

A part.

Je suis roi de ses fonds!

THÉODORE, *à part.*

De la dot je suis maître!

Haut.

Ah! je voudrais jouir de mon bonheur bientôt,
Et de ce beau trésor m'emparer aussitôt!

MARCEL.

Quand vous voudrez.

THÉODORE.

Eh bien, je le voudrais de suite!

MARCEL.

Ainsi soit-il.

THÉODORE, *plein de joie.*

Vraiment?... Un seul instant je quitte.

Marcel le reconduit.

SCÈNE IV.

PAULIN, MAURICE, *bien vêtu de noir;* ELVIRE, JEANNETTE.

Ils rentrent du côté opposé.

JEANNETTE, *appelant.*

Monsieur!

PAULIN.

Marcel!

ELVIRE.

Mon père!

PAULIN, *regardant derrière le théâtre.*

Il nous dit: Au revoir!

ELVIRE, *avec douleur.*

Il vient de me donner!

MAURICE.

Oh! mon Dieu! plus d'espoir!
Ma voix auprès de toi trop tard me justifie;
Hier, c'eût été temps!

PAULIN, *avec bonté.*

Qu'en moi l'on se confie.

MAURICE.

Méchante, avoir ainsi douté de mon amour!

ELVIRE.

Mais quand j'allais finir, tu doutas à ton tour!

MAURICE.

C'est que pour un peu d'or, hélas! on voit tout faire;
Et partout on l'aime.

ELVIRE.

Oui; l'on ne veut en affaire,
Quand l'intérêt agit, qu'argent, or, cuivre ou bons;
Mais quand le cœur perçoit, les sentiments sont bons.
Je les aurais reçus avant toute autre somme,
Car pour moi rien ne vaut ton amour d'honnête homme,
Et tu m'as su prouver que l'on trouvait encor
De l'honneur sans argent, de la vertu sans or!

JEANNETTE, *heureuse.*

Voilà comme on doit être après la fâcherie;
Qu'on se fâche au début, mais qu'à la fin on rie!

ELVIRE, *à Maurice.*

Pardonne mes soupçons, et cherchons quel moyen
Peut me soustraire au sort qu'on me prépare.

JEANNETTE.

Un rien;
Un bon refus!

ELVIRE.

J'ai dit à mon père: Oui!

JEANNETTE.

S'il blâme,
Vous répondrez: C'était un caprice de femme.
On se tire de tout avec cela.

PAULIN.

Non, non;
Marcel se paierait-il de semblable façon?
Il faudrait avant tout de l'argent.

MAURICE, *vivement.*

Mais je rêve!
J'en ai, moi, de l'argent, et mon bonheur s'achève!
Vraiment je ne sais pas comment je restais là
Sans vous dire aussitôt un fait tel que cela;
A me justifier je perdais la cervelle;

J'hérite! Hier, très-tard, j'en reçus la nouvelle;
Et ce matin déjà, chez un marchand d'effets,
Je me suis acheté ces habits noirs tout faits.
Mon oncle Albert, le vieux, vient de mourir. Ah! [comme
Il est mort juste à point pour me recréer homme!

PAULIN.

Il fallait qu'il mourût pour être ton soutien.

JEANNETTE.

Votre oncle est mort, c'est mal; vous héritez, c'est [bien!

PAULIN.

C'est un heureux malheur, comme on dit dans le [monde,
Lorsqu'un riche abandonne une bourse féconde.
A Marcel redemande Elvire; il se pourra
Qu'il soit fidèle enfin.

JEANNETTE.

Parbleu, quand il saura
Que vous avez des fonds!

MAURICE.

Ne doutons plus, Elvire;
Nous nous aimons tous deux plus qu'on ne saurait [dire.
Que ton doute sur moi ne soit plus reporté;
Moi qui, par un effort de rare humilité,
Pour toi consentirais... à changer de figure...
En conservant pourtant les droits de ma nature;
Moi qui voudrais en moi, des deux sexes qu'il faut,
Réunir le parfait et laisser le défaut;
Enfin, moi qui voudrais, pour te charmer en somme,
Avoir un cœur de femme... et la tête d'un homme!

ELVIRE.

Oui, sur toi maintenant mon cœur est rassuré,
Et c'est par trop d'amour qu'il s'était égaré.

PAULIN.

Vous jasez un peu fort de cela par avance;
Plutôt que d'en parler il vaut mieux qu'on com- [mence.
A Maurice
Quel est ton bien, voyons?

MAURICE.

Quarante mille francs.

PAULIN, *avec peine*.

Ah! tu n'as pas Elvire!... et mes propos sont francs.

MAURICE, *avec étonnement*.

Vous parlez franchement, en disant qu'un jeune [homme
Ne peut se marier, possédant cette somme?

PAULIN.

Oui; Théodore a plus, et Marcel me l'a dit,
Pour cent mille francs seul il aurait un dédit.

ELVIRE.

Hélas!

MAURICE.

Mon Dieu!

JEANNETTE.

Comment?... mais alors, plus de chance?

MAURICE.

Et pourtant ce que j'ai me donnait espérance;
Avec cela bientôt j'aurais gagné beaucoup [coup!
Par mon travail, ou bien à la Bourse, un grand
Oui, je hais les tripots, mais je les suivrais même
Pour t'obtenir, Elvire; Elvire, car je t'aime!...
Hélas! et plus d'espoir!

PAULIN.

Pour ménager du temps,
Quel moyen?

ELVIRE.

Je ne sais.

JEANNETTE, *à Elvire*.

Quel fatal contre-temps,
Vous avez consenti!

ELVIRE.

La leçon est terrible!

PAULIN.

Mais prier?

ELVIRE.

Vainement!

PAULIN.

Refuser?

ELVIRE.

Impossible!

MAURICE.

Ta main m'était promise, on me fait un larcin;
Qui viendrait à mon aide?

ELVIRE, *vivement*.

Attends! le médecin.

MAURICE, *inquiet*.

Comment? Qu'as-tu? Pourquoi?

ELVIRE.

Pour me faire malade!
Et que d'abord je prenne un air souffrant, maus- [sade.
Elle fait la mine d'un malade.

PAULIN.

C'est bien cela, très-bien!

JEANNETTE.

Vraiment oui, c'est parfait;
Ce qu'on croit impossible, un médecin le fait!
On rédige son mal, le médecin le signe,
On veut du calme, et nul ne force la consigne!
Autrefois on payait pour se faire guérir;
C'était le sûr moyen de se faire mourir;
Mais on paye aujourd'hui pour être en maladie,
Et quand on veut, soi-même au mal on remédie;
C'est un progrès. Aussi, s'il sait bien son métier,
Le médecin d'abord se soumet tout entier;
J'ai mal au cœur. — C'est vrai. — J'ai besoin d'un [voyage.
—Au plus tôt.—Il faudrait que parmi mon bagage
On plaçât mon cousin.—Certes, c'est de rigueur.—
C'est ainsi qu'à présent l'on traite un mal de cœur.
S'il sait bien son métier, le médecin, vous dis-je,
Accomplira sur vous une cure-prodige;
D'un futur détesté, près de vous embrasser,
Il saura, malgré tous, bien vous débarrasser.
Et de l'amant choisi, si vous voulez la chose,
Il vous ordonnera vite une forte dose.
Les médecins savants savent cela fort bien;
Ils guérissent les maux en augmentant leur bien,
Et se font un renom parmi les grosses têtes;
Les médecins savants, ma foi, ne sont pas bêtes!

PAULIN, *à Maurice*.

Oui, le médecin seul encore a grand pouvoir;
Lui seul peut tout guérir, même sans rien savoir;
Son ordre, en retardant le fatal hyménée,
Préparera pour toi des noces la journée,
Et si vous parvenez à sortir triomphants,
Tu lui devras, mon cher, tous tes futurs enfants.

JEANNETTE.

On lui doit tant, hélas! Quelquefois la tristesse

D'un mari; d'autres fois les maux d'une maîtresse;
Maux chéris; car je sais quelqu'un qui, sous mes [yeux,
Se fait souvent malade, afin de vouloir mieux.

ELVIRE, *avec impatience.*

Au lieu de débiter des mots de comédie,
Jeannette, viens ici choisir ma maladie; —
Une colique étrange?...

JEANNETTE.

Oh! non! c'est dangereux.
Monsieur Marcel craindrait...

ELVIRE.

Un très-grand mal nerveux?...

Elle fait un mouvement convulsif de tout son corps.

JEANNETTE.

Oui, c'est très-bon! Les nerfs de tout mal sont la [source,
Et dans leur complaisance on trouve une ressource;
La femme en a reçu pour s'en plaindre, et souvent
Elle s'en sert si bien qu'on la croit mal vraiment.

ELVIRE.

Je vais me mettre au lit.—

A Maurice.

Garde encore espérance;
J'y resterai longtemps pour sauver l'apparence;
Agis pendant cela.

A Jeannette en s'en allant.

— Prépare les calmants!

JEANNETTE, *à part.*

Comme la maladie est utile aux amants!

Au moment où Elvire et Jeannette sortent, arrivent Marcel et les personnages de la scène suivante.

SCÈNE V.

MARCEL, PAULIN, MAURICE, THÉODORE, FÉLIX, UN NOTAIRE, ELVIRE, JEANNETTE, Mme DE ST AMAND, QUELQUES INVITÉS.

ELVIRE, *avec effroi.*

Je suis perdue!

JEANNETTE.

Hélas!

MARCEL, *bas, ramenant Elvire.*

Non; pas pour Théodore.

ELVIRE, *voulant se retirer.*

Je souffre!

MARCEL, *la retenant.*

Un seul instant!

ELVIRE, *feignant une grande douleur.*

Ah!...

MARCEL,

Demeure; il t'adore,
Et veut dès à présent sceller par un contrat
L'amour que je voudrais que ton cœur lui montrât.

Haut.

Prenez place au bureau, là, monsieur le notaire;

Indiquant d'autres places.

Messieurs les témoins, là.

ELVIRE, *à part.*

Mon Dieu! comment donc faire?

Marcel place tout le monde aux sièges amenés par les domestiques.

MAURICE, *à part.*

De ce fatal hymen je suis aussi témoin!...

MARCEL, *avec embarras; arrivé à Maurice qu'il n'avait point vu.*

Où vous placerons-nous?...

MAURICE, *amèrement.*

Monsieur, n'en prenez soin.

MARCEL; *il salue avec confusion et se retourne vivement vers le Notaire.*

Je voudrais procéder, même avant la lecture,
A l'apposition de notre signature.

PAULIN, *vivement.*

Non; ce serait agir sans régularité!

Au Notaire.

Souffrirez-vous, monsieur, cette illégalité?

LE NOTAIRE.

Je ne puis la souffrir...

MARCEL, *à part.*

Peste soit de mon frère!

Avec colère à Paulin.

Pour engendrer ma fille, étiez-vous mon confrère?
Et la mariez-vous?

LE NOTAIRE, *à Paulin.*

Si le contrat est su
Par les intéressés?...

MARCEL, *impatienté.*

Il est ainsi conçu :
On donne à mon enfant une belle fortune,
Pour laquelle, en échange, en son nom j'en donne [une.

Mme DE ST-AMAND.

Rien de plus clair.

FÉLIX.

C'est vrai.

THÉODORE.

Sans nul doute; apposons!

Présentant la plume à Elvire.

Paraphez mon bonheur!

ELVIRE, *s'approchant de Marcel.*

Dans un instant; causons.
Un père sur sa fille est un gardien qui veille;
Quand je vais le quitter, que le mien me conseille.
Au jour de l'hyménée, un cœur change d'emploi;
Mais comment le remplir, si je ne sais pas, moi?
Je suis enfant soumis, mais saurai je être femme?
Ce beau titre est trop vaste aujourd'hui pour mon [âme!
Quels seront mes devoirs? je ne les comprends pas!
S'y j'ai peur d'y faillir, évitez-moi ce pas!
Me ferait-on marcher sans me montrer la route?...
Attendez que je sache, avant de faire!

MARCEL.

Ecoute!
Je t'ai bien enseigné, ma fille, et, dès ce soir,
Tu me paraissais propre à remplir ton devoir;
D'où vient donc ce discours? Qu'est-ce? Et que [dois-je croire?

ELVIRE.

Que les vôtres, hélas! surchargent ma mémoire;
Que j'ai tout retenu, mais que tout est chaos;
Que je me perds enfin dans mes devoirs nouveaux;
Que je sais qu'en entrant il faut l'ordre au ménage,
Et qu'aujourd'hui ma tête y mettrait le tapage!...
Laissez-moi donc un peu remonter ma raison,
Avant de me forcer à monter ma maison!

Je veux à mon époux bien m'offrir.

MARCEL, *à Théodore.*

Eh!... c'est tendre!

A Elvire.

Laisse à ce même époux le soin de tout t'apprendre;
Ce n'est qu'à fabriquer qu'on devient fabricant,
Et tout se retient mieux, ma fille, en pratiquant;
Quitte-moi ton scrupule et ta délicatesse!

ELVIRE.

Mais vouloir procéder avec cette vitesse...

MARCEL.

Mais vouloir retarder le bonheur qui t'attend...

ELVIRE, *bas, à Marcel.*

J'en serais satisfaite.

MARCEL, *bas, sévèrement.*

Et moi fort mécontent.

ELVIRE, *haut.*

Mon bonheur n'est vraiment qu'en celui que je [donne,
Et je n'en puis donner, alors qu'il m'abandonne.
Je sens faiblir mon âme, et je perds mes esprits;
Le trouble me domine et mon corps en est pris;
Comment donc d'un époux flatter l'ardeur jalouse,
Quand, avant d'être à lui, d'un mal je suis l'épouse?
Car je souffre et je crains! Il serait peu flatteur
D'obtenir au contrat ma main avant mon cœur.

MARCEL.

Mais vous aimez déjà votre futur?

ELVIRE.

Je l'aime.

Vous me l'avez choisi, je l'ai choisi de même.
Attendez cependant; fidèle à mon amour,
Pour le montrer plus fort j'indiquerai le jour;
Je veux scruter mon cœur encor dans la retraite,
Pour en sortir plus calme et m'offrir plus parfaite;
Je veux me rappeler vos propos sérieux,
Et les mettre d'abord en pratique à vos yeux;
Puis, assurée enfin de bien remplir mon rôle,
Mon père, je dirai. Tenons notre parole!

MARCEL, *avec embarras.*

Cest bien!... ces sentiments...

THÉODORE.

Ces sentiments sont bons:
J'en suis vraiment charmé! mais après tout, si- [gnons!
Cela n'est point encore une entrée en ménage.

MARCEL, *vivement.*

Ton devoir se résume en ce seul mot: ménage!
Quoi qu'on fasse ou qu'on dise, il faut songer d'a- [bord
Que le bonheur, ma fille, est enfoui dans l'or;
Deux époux sont unis pour s'en faire une masse!

Mme DE ST-AMAND.

Le mari le cultive et la femme l'amasse.

MARCEL.

De chaque jour qui fut se faire un peu d'argent,
C'est de tout son passé se créer un présent;
L'homme, hélas! ne revit vraiment qu'en son ou- [vrage;
S'il amasse beaucoup il revit davantage!
Par le montant qu'on laisse on est représenté;
On mande à son chevet son enfant attristé,
On lui remet sa vie en la cassette chère,
On dit avec bonheur: « Mon fils, voilà ton père!
» Tout ce qu'il a valu tu le vaux aujourd'hui;
» A tes enfants, plus tard, transmets-toi comme [lui; —
» Travaux, vertus, talents, tout s'y résume en [somme! »
Et le fils, consolé, pleure en disant: Brave homme!
C'est ainsi que par l'or l'homme se reproduit;
C'est ainsi qu'au bonheur l'argent seul nous con- [duit!
Tu ne pourras assez, au gré de mon envie,
Monétiser ton être et monnayer ta vie!

Mme DE ST-AMAND, *avec exaltation.*

Qui diffère en cela, je le dis, n'est qu'un sot!

THÉODORE, *charmé.*

Un tel conseil, lui seul, vaudrait presque une dot!

MAURICE, *à Paulin.*

Oui, l'argent en effet est plus pur que leur âme!

PAULIN, *haut, à Elvire.*

Moi, je vais te marquer le chemin de la femme;
Je t'engage à le suivre; — ouvre bien ta raison.
Tu vas entrer bientôt, Elvire, en ta maison;
Souviens-toi des conseils que ton père te donne;
Au champ de la fortune incessamment moissonne!
Prends quand tu le pourras! Prends, prends, re- [prends encor!
Dieu veut qu'on le recherche, Elvire; et Dieu, [c'est l'or;
Prends par tous les moyens! entasse à ta famille;
Pense au jour où plus tard tu marieras ta fille: —
Métallise ton âme; oui, ton âme, entends-tu?
A ta fille, en argent, prépare ta vertu!
La femme, en se vendant, ne commet point de [crime;
Sa vertu ne meurt pas: elle change de rime,
Et prend celle de l'or qui brille avec éclat; —
Elle se transmet mieux en dot, comme cela!

MARCEL.

Non, c'est exagérer...

PAULIN.

Quoi! j'ai parlé ta langue.

MARCEL, *indiquant Elvire.*

Avait-elle besoin encore de harangue?
J'avais tout dit, je crois! Il fallait t'y borner.
Certe, on ne doit jamais se laisser suborner;
Pas même pour de l'or.

PAULIN.

Je parle en conscience,
Et j'ai de tes discours tiré la conséquence.

MARCEL, *à Elvire.*

D'ailleurs, à ce sujet, va, selon ton mari,

Avec tendresse en la conduisant au bureau.

Et viens d'abord signer, viens, mon enfant chéri!

ELVIRE, *allant sans résistance.*

Je me soumets.

Mme DE ST-AMAND, *bas, à Théodore.*

Enfin!

MAURICE, *à part.*

Mon Dieu!

PAULIN, *à part.*

Ciel!

Théodore présente la plume à Elvire, assise au bureau.

ELVIRE, *feignant de ne pouvoir écrire.*

Ah! quelle encre!...

Elle prend de l'encre avec impatience et renverse à dessein l'encrier sur le contrat et sur sa robe; puis se retirant vivement:

Bon! ma robe est perdue!...

THÉODORE.

Et de moins en dot!

PAULIN, *à part.*

Cancre!

ELVIRE.

Ma pauvre robe, hélas! je l'aimais tant!

PAULIN, *bas, à Maurice.*

Parfait!...

ELVIRE.

Nous verrons ce contrat quand il sera refait;
Mais ma robe, ô mon Dieu! le cadeau de mon père!
J'en vais pleurer, je crois, de dépit et colère!

Tout le monde en groupe cause bas avec animation de l'accident. Maurice et Paulin, à part, paraissent joyeux.

MARCEL, *furieux; bas, à sa fille.*

C'est le contrat surtout!...

LE NOTAIRE, *près d'eux.*

Non, le double est fini;
Vous pouvez le signer.

ELVIRE, *à part, avec effroi.*

Tout espoir est banni!

LE NOTAIRE, *parcourant le double, des yeux.*

Les deux noms y sont bien?...

ELVIRE, *vivement, au Notaire.*

C'est Elvire et Maurice!

MARCEL, *au Notaire.*

Elvire et Théodore.

ELVIRE, *à part.*

Oh! je suis au supplice!

MARCEL, *à Elvire.*

Tu te trompais de nom.

ELVIRE.

Vous vous trompez d'objet;
N'avez-vous pas changé d'idée à ce sujet?

MARCEL.

Non, certainement non!

ELVIRE.

Mais on me sacrifie!
Mais je suis votre fille; en vous je me confie!
Ne me mariez pas!

MARCEL.

Moi, je veux ton bonheur!
J'ai donné ma parole et j'y veux faire honneur.

ELVIRE, *avec fermeté.*

Vous devez faire honneur à la première en date;
Maurice l'a reçue.

MARCEL.

Ah! mon amour te gâte!
Et tu m'oses parler!... Mais je te contraindrai;
Ou bien vers le couvent tu marcheras.

ELVIRE.

J'irai.

THÉODORE, *quittant le groupe.*

Vous semblez vous fâcher?

MARCEL, *bas, à Elvire.*

Epousez-vous?...

ELVIRE, *après avoir réfléchi.*

J'épouse.
Qu'on se rapproche ici.

Tous les invités se rapprochent de Marcel.

MARCEL, *haut.*

Messieurs!

Tout le monde se pose et reste silencieux.

FÉLIX, *prenant le bras de sa femme pour la conduire près du bureau.*

Viens, mon épouse!

ELVIRE, *avec embarras.*

L'hyménée... offre... aux cœurs... mille et mille [agréments;
Mais je m'y crois... peu propre... et j'en crains [les tourments.
J'aurais voulu trouver au sein du mariage
Le calme et le bonheur dont jouit mon jeune âge;
Mais avec mes défauts, quoique aimant mon époux,
J'ai peur de m'exposer à subir son courroux.
Ah! je souffrirais trop de m'attirer sa haine,
Et j'incline à choisir le couvent et sa chaîne!

Indiquant Théodore.

Monsieur sans doute est bon, spirituel, bien fait,
Mais je me sens trop faible auprès de ce qu'il est.

MARCEL.

Ah!...

Mme DE ST-AMAND.

Comment?...

THÉODORE.

Quoi?...

FÉLIX.

Plaît-il?...

Mme DE ST-AMAND.

Un tel discours m'irrite!
Redouter dans un homme un excès de mérite!
Je vois d'où cela vient: mon neveu ne plaît pas;
Mademoiselle ailleurs engagerait ses pas!...
Devait-on à ce point se jouer d'un jeune homme,
Et vouloir que d'abord il écrivît un tome?

FÉLIX.

Il en a produit trois!

ELVIRE.

Dont il n'est pas l'auteur;
Car jamais de ses vers il ne fut le facteur.
Je le sais.

Mme DE ST-AMAND.

Nous venger est ce qui reste à faire.
Mon neveu!

THÉODORE, *bas.*

Pour la dot, soyons doux au contraire;
Ne désperons pas.

Haut.

Je reviendrai savoir
Si l'on sait mieux tantôt faire ici son devoir.

MARCEL.

Veuillez... pensez... croyez... que je suis...

Mme DE ST-AMAND.

C'est infâme!

MARCEL.

Non, je n'y suis pour rien; — elle sera sa femme!

Ils sortent par le fond, Elvire, Jeannette et Paulin sortent à droite. Maurice reste absorbé sur sa chaise.

SCENE VI.

MARCEL, MAURICE, THÉODORE.

Marcel revient aussitôt avec agitation. Théodore le suit sans être vu et se place auprès de la fenêtre.

MARCEL.

Je vais frapper!...

S'arrêtant avec embarras devant Maurice, à part.

Voyons!... plutôt de la douceur;

Je pourrai mieux ainsi m'emparer de son cœur;
Séduire un amoureux offre un succès facile.

Haut.

C'est donc pour vous, monsieur, qu'Elvire est in-
[docile?...
Je ne vous en veux pas, le fait est consommé!
Vous serez son époux... si vous restez aimé,
Et si vous parvenez, entrant dans ma famille,
A réparer le mal que me fait là ma fille.
Le futur éconduit va revenir tantôt,
Et s'il a mon refus il m'attaque aussitôt.
Voulez-vous qu'à vos vœux j'accorde enfin Elvire?
Fuyez-la quelque temps pour qu'on n'ait rien à
Car autrement, monsieur, ce serait m'exposer [dire;
Au malheur de les voir sur moi se courroucer.

MAURICE.

Quoi! serait-il bien vrai? Vous secondez ma flamme!
Je ferai tout; parlez!... Elle sera ma femme!
Qu'il vienne le futur, vous demander raison;
Je lui répondrai, moi! Je suis de la maison!

MARCEL, *à part.*

L'en éloigner d'abord est l'importante affaire.

Haut.

Mais j'exige une dot, sachez donc vous la faire;
Puis revenez ensuite, et vous serez heureux.
Tout se fait promptement quand on est amoureux!

THÉODORE, *à part, s'approchant lentement.*

En effrayant le père, obtiendrait-on sa fille?...
C'est un plaisant moyen d'entrer dans sa famille!

Haut, posant la main sur Marcel.

Ah! vous me trompez donc? et vous m'aviez menti!

MARCEL, *se retournant.*

Ciel!... Je vous jure, Elvire avait bien consenti;
Nous étions tous d'accord, et c'est par pur caprice
Qu'elle a changé d'idée, et qu'elle veut Maurice!

THÉODORE.

Je viens de vous entendre, et vous mentez!

MARCEL.

Non pas.

THÉODORE.

Je vous rendrai raison quand vous voudrez.

MARCEL.

Hélas!

Bas à Maurice en tremblant.

Parvenez à calmer sa colère si folle;
Je vous promets Elvire, et je suis de parole.

Il sort précipitamment.

SCÈNE VII.

MAURICE, THÉODORE.

THÉODORE, *à part.*

Soyons habile ici.

MAURICE.

D'abord, monsieur, l'anneau?...

THÉODORE.

Remettez-moi le mien, qui certe est le plus beau.
J'ai changé par erreur, et je ne pus encore
Réclamer aujourd'hui cet objet que j'adore.

Ils changent d'anneaux.

Pardonnez ma folie!

MAURICE.

Ou plutôt votre tort.
Je le veux bien, mais vous aidez-moi dans mon sort.
Vous connaissez, monsieur, quelle est celle que
[j'aime;
Depuis longtemps promise à mon amour extrême
Elle veut être à moi; — mais vous la recherchez;
Notre bonheur, hélas, c'est vous qui l'empêchez;
Abandonnez Elvire, et dès lors je m'engage
A vous nommer ami!

THÉODORE, *brusquement.*

Je romps ce mariage,
Si vous savez m'offrir un dédommagement
Que je puisse accepter très-convenablement.

MAURICE, *souriant.*

Réfléchissant.

Ah! de l'argent, c'est vrai! — Je ne sais, sur mon
[âme...

THÉODORE, *avec vivacité.*

En prenant sur la dot...

MAURICE.

Je tromperais ma femme!

THÉODORE.

On m'a bien trompé, moi! Mais je vais en duel,
Frappant le père, aussi punir la fille!

MAURICE, *à part.*

O ciel!

Haut.

Je blâme, pour ma part, une telle rencontre;
Si votre cœur est pour, votre raison est contre.
Ah!... vous vengerez-vous de semblable façon?

THÉODORE, *impatienté.*

Le duel est admis, monsieur, par la raison!

MAURICE.

Par la raison du cœur, qui n'est pas raisonnable!...
Si d'une insulte, hélas, un méchant nous accable,
Notre orgueil est blessé, nous voulons nous venger,
Et nous nous plaçons deux au-devant du danger.
Mais ainsi s'accoupler avec ce qu'on méprise,
C'est le dire honorable et digne qu'il nous brise.
Suivre ainsi les transports de son cœur irrité,
Faire, avant de penser, c'est fuir la vérité;
Et l'on plaide une cause à laquelle on renonce,
Alors que le hasard doit dicter la réponse;
Le hasard ou l'adresse, et l'adresse en ce cas
N'est qu'une perfidie et ne décide pas.
Consultez votre tête et marchez d'après elle;
A ses décisions soyez toujours fidèle;
La raison, croyez-moi, prévaut le sentiment;
Le cœur sans la raison nous abuse et nous ment!
La tête, voyez-vous, c'est plus que tout notre être;
C'est là que Dieu souvent se fait un peu connaître!
Le cœur n'est qu'amour-propre, — ou pur, — ou
[sot! ou vain!
Il nous pousse un jour bien et mal le lendemain,
Il n'est que passion! — La tête sait comprendre!
L'homme le plus parfait ce n'est pas le plus tendre.

THÉODORE.

C'est contre le duel un assez bon propos;
Mais on doit se venger pour trouver le repos!

MAURICE.

Eh!... qu'avancez-vous là?... « Je suis blessé; je
[m'aime;
Ainsi je dois punir, en m'exposant moi-même! » —
Consultez votre tête!... Eh! que dit-elle? — « Ami,
Si tu te fais tuer quel est ton ennemi?
Un autre est criminel, c'est ton sang qui le lave,
Et cet autre à part soi, t'injurie et te brave!
Tu diras en mourant: Mon adversaire a tort!

Mais il répondra, lui : — Mais non, puisqu'il est mort ! » —
Si vous insultez Dieu, sur le seuil de son temple,
D'un regard de pitié soudain il vous contemple,
Mais il ne descend pas vous demander raison
De l'outrage à lui fait, et fait en sa maison !
En méprisant l'injure on se grandit soi-même ;
S'estimer assez seul, c'est la grandeur suprême !

THÉODORE, *comme étonné.*
C'est très-vrai, tout cela !

MAURICE.
Renoncez donc enfin
Au projet de causer une tragique fin.

THÉODORE.
Mais je dois m'étonner de vous voir, vous, poëte,
Placer ainsi le cœur au-dessous de la tête ;
Les poëtes parfois ont donc du jugement ?

MAURICE, *à part.*
Ma foi, j'ai donné tort au cœur, par sentiment ;
Par besoin amoureux.
Haut.
J'avoue, en conscience,
Que Marcel a mal fait de vous faire une offense ;
Dédaignez-la, monsieur, mais n'en punissez pas
Ceux qui sur ce sujet n'ont qu'à redire : hélas !
Elvire étant à moi, vous comprendrez, j'espère,
Qu'elle aît pu refuser d'obéir à son père.
Sans duel, à nous deux arrangeons cet hymen,
Renoncez à la sienne en m'offrant votre main.

THÉODORE, *à part.*
C'est fort aimable à lui ; je perds tout, tout il gagne !
Donnant sa main.
Enfin vous l'emportez !

MAURICE, *avec bonheur.*
Elle est donc ma compagne !

THÉODORE, *à part.*
L'excès de son bonheur le rendra confiant ;
Je pourrai mieux agir. — Bon, il sort en riant !
Comment reviendra-t-il ?

SCÈNE VIII.

THÉODORE, ELVIRE, JEANNETTE.

Jeannette entre lentement à droite sans être vue.

JEANNETTE, *parlant à Elvire, en dedans.*
C'est bien lui.

ELVIRE, *s'avançant.*
Théodore ?

JEANNETTE.
Il est seul ; avancez.

ELVIRE, *à Théodore.*
Vers vous je viens encore,
Monsieur...

THÉODORE, *se retournant.*
A part.
J'en suis charmé ! — Tâchons de la toucher.

ELVIRE.
Vous avez vu qu'en vain c'était me rechercher ;
J'ai dû, — par pur devoir, — étant promise à d'autres,
Accepter des amours qui n'étaient point les vôtres ;
Et je viens réclamer de votre loyauté...

THÉODORE, *l'interrompant, avec transport.*
Non, ne doutez jamais de ma fidélité !
Blessé par vos refus, par vos dédains, cruelle !
Je jure cependant de vous rester fidèle !
Que parlez-vous ici de devoir ?... Par devoir
Comblez les vœux d'un père, et me laissez l'espoir !
Si c'est le devoir seul qui vous joint à Maurice,
Que votre amour au mien ici rende justice ;
Chère Elvire, aimons-nous ! Par un lien heureux
Réunissons soudain nos transports amoureux !

ELVIRE.
Non, ce sont des transports que je ne saurais suivre.

JEANNETTE, *à part.*
Il s'entend mieux, je crois, aux transports du grand-livre.

THÉODORE.
Vous, passer sous mes yeux aux mains d'un autre amant !
Ah ! serait-il pour moi de plus cruel tourment ?
Si vous croyez cela, votre espérance est vaine ;
Non, choisissez plutôt le couvent, inhumaine !...

ELVIRE.
Mais, cet excès d'amour chez vous m'étonne un peu ;
Fut-il jamais si fort ?

JEANNETTE, *riant.*
Le charbon devient feu !

THÉODORE.
Je réservais pour vous, quand vous seriez ma femme,
Cette ardeur qui couvait dans le fond de mon âme ;
Elle déborde enfin ! je me jette à genoux ;
Mon amour est parfait ; y résisterez-vous ?

Il prend les mains d'Elvire et les serre avec amour, Maurice est entré et reste immobile au fond.

MAURICE, *s'avançant vers Théodore agenouillé, avec colère.*
Relevez-vous, monsieur !

JEANNETTE, *à Elvire.*
Bon, c'est une querelle !

ELVIRE, *à Jeannette.*
Allons chercher quelqu'un.

MAURICE, *à Théodore.*
Votre ardeur est trop belle !

SCÈNE IX.

THÉODORE, MAURICE.

MAURICE.
Nous nous battrons tous deux !

THÉODORE.
Moi, me battre ? oh ! non pas !
Le duel est un tort.

MAURICE.
Monsieur, il est des cas
Où l'homme doit punir par ce moyen extrême !

THÉODORE.
Quoi ! vous me provoquez parce que mon cœur aime ?...

MAURICE.
Parce que votre cœur est faux et déloyal !
Vous me rendrez raison, il suffit.

THÉODORE.
Non, c'est mal.
Que dites-vous donc là ! « Je suis blessé ; je m'aime ;
Ainsi je dois punir, en m'exposant moi-même ! »
Consultez votre tête !... eh ! que dit-elle ?... « Ami,
Si tu te fais tuer, quel est ton ennemi ?
Un autre est criminel, c'est ton sang qui le lave,
Et cet autre, à part soi, t'injurie et te brave ! »
Riant.
Vous aviez bien raison ! — Pourquoi pestez-vous tant ?

MAURICE, *avec dépit.*
J'ai raison, j'en conviens ; je n'en suis pas content !

SCÈNE X.

LES MÊMES, MARCEL.

MARCEL, *accourant, effaré.*
Non, ne vous battez pas!... d'où vient cette colère?...
Mes gendres, calmez-vous!...

THÉODORE.
Vos gendres?... Quoi! beau-père?...
Vous n'avez qu'une enfant!

MARCEL.
Je me trompais; pardon!
A part. Bas à Théodore.
C'était pour les calmer.—Vous le serez; lui, non!

MAURICE, *à Théodore.*
Il faut qu'enfin ici notre sort se décide;
Car j'y suis résolu!..

MARCEL, *à part.*
Le petit homicide!
Je défends qu'à ma fille il fasse encor la cour;
Trop aimer les duels, c'est mauvais en amour!
Haut à Maurice.
Monsieur, votre intérêt bien entendu, commande
Que je me fasse ici certaine réprimande;
Depuis votre retour chez moi, j'ai le malheur
De vous faire à tout pas heurter quelque rigueur;
Comme nous vous aimons, — moi, tous, surtout [ma fille, —
Nous souffrons de vous voir souffrir dans ma fa- [mille,
Et je cherche un moyen, qui, nous mettant d'accord,
De ces désagréments nous guérisse d'abord.
Pour calmer ma maison, par vous désespérée,
Je crois qu'il suffira d'en éviter l'entrée.

MAURICE.
C'était donc là le sort que vous m'aviez promis?

MARCEL.
Ah! comptez-moi toujours au rang de vos amis!

MAURICE, *saluant profondément.*
Vous me congédiez en termes fort honnêtes!

MARCEL, *le reconduisant avec mille politesses.*
Pour nos filles, monsieur, nous craignons les [poëtes.

ACTE TROISIÈME.

SCÈNE PREMIÈRE.

MAURICE, *soucieux*, BABYLAS.

Ils entrent par la petite porte du jardin. Maurice est déguisé de manière à pouvoir se faire passer pour le fils de Babylas.

BABYLAS.
Venez.—J'aide à vos feux autant que je le puis;
Vous me voulez pour père? eh bien donc! je le [suis.

MAURICE.
C'est là le seul moyen de pouvoir m'introduire:
Mais je crains qu'un scrupule arrête mon Elvire.

BABYLAS.
Mais non, c'est une femme; et, comme Eve au [jardin,
C'est au fruit défendu qu'elle mordra soudain.
D'ailleurs elle vous aime, et que pouvez-vous [craindre?

MAURICE.
Par mille expédients ne peut-on la contraindre?

BABYLAS.
Il est vrai que son père a su, dès hier soir,
Par un désespoir feint la forcer au devoir.
« Songe, lui disait-il, au bien de la famille;
Il nous faut cet hymen pour me sauver, ma fille,
Car je suis ruiné; j'ai des engagements
Que je ne puis remplir; je fausse mes serments!»
Il a sur tous les tons psalmodié ce thème;
Ici sur la prière et là sur l'anathème;
Si bien qu'en terminant son sermon odieux,
Son enfant consentit au sacrifice.

MAURICE.
O Dieux!

BABYLAS.
Même il a menacé de se tuer sur l'heure,
Et sa fille, à présent, j'en suis sûr, encor pleure!
Plus d'un hymen, monsieur, naît de même façon;
Je fus jardinier dans plus d'une maison,
J'ai cultivé des fleurs d'amour pour bien des bel- [les,
Et j'ai vu bien souvent de pauvres demoiselles,
Contraintes dans leur cœur, venir un beau matin,
Effeuiller en pleurant leur amour au jardin!
En soupirant.
C'était là du devoir!

MAURICE.
Que viens-tu de me dire?...
Il ne me reste plus qu'à tuer et maudire!

BABYLAS.
Attendez, jeune fou! je vous ai dit que non.
D'un fils vous donnerais-je et l'habit et le nom,
Si çà ne servait point?—Vous verrez votre amante;
Le mal est réparé!—Quel démon vous tourmente!
Maudire et tuer! Quoi! ne pouvez-vous donc pas
Atteindre à votre but sans haine et sans trépas?
Détrompez votre Elvire au sujet de son père;
Avec elle, voyez quels sont les pas à faire;
Combinez votre sort, enfin!—Combien, mon Dieu!
L'on voit d'époux forcés, — qui n'auraient pas eu [lieu,—
Si, dans son désespoir, avant le mariage,
L'amante avait revu son amant, calme et sage.
Si vous tuez quelqu'un, ce sera pour toujours,
Et vous n'aurez pas fait un pas dans vos amours;
Tandis qu'en revoyant ici votre future,
Vous la ferez agir selon vous;—c'est nature!...
Mais elle obéira moins bien après l'hymen,
Et vous perdrez sa tête en obtenant sa main.

MAURICE.
Ah! crois-tu donc vraiment qu'elle arrive à m'en- [tendre?

BABYLAS.
Les pleurs de ses beaux yeux rendent son cœur si [tendre
On a pris un moyen qui vous fait plus chérir;
L'amour est un bouton que les pleurs font fleurir!
Je m'y connais, allez! j'arrose et je cultive
Depuis assez longtemps;— l'expérience arrive.

MAURICE.
Je te crois, Babylas. Oui, je veux la revoir!
Il n'est qu'un seul obstacle.. et c'est de le pouvoir.

BABYLAS.
Un amant doit-il craindre un obstacle en sa course?

MAURICE, *résolument.*
Non! — Pourtant si Marcel .. vient?

BABYLAS.
Il est à la Bourse!

MAURICE.
Vrai?... — Je suis donc sauvé!

BABYLAS.
Le cupide est à l'or;
Allez, pendant ce temps, courtiser son trésor.

MAURICE.
Non, fais plutôt venir mon amante adorée;
Cet endroit m'offrirait une fuite assurée;
Car, si j'ai pénétré sous cet habillement,
Je crains pourtant ici les regards!...

BABYLAS.

Mais, vraiment,
Vous passerez très-bien pour fils, et moi pour père;
D'ailleurs, si je le dis, on me croira, j'espère? —
Il vaut mieux en tel cas agir sans avoir peur;
Et l'on est faible amant si l'on n'est pas trompeur.

MAURICE. [tre?

Sais-tu qu'en fait d'amour tu me parais bon maî-

BABYLAS. [l'être.

Trop vieux pour être aimé, je vous enseigne à

MAURICE.

Je retiens tes leçons et saurai m'en servir.

BABYLAS.

Vous aurez tout le temps; Marcel vient de partir,
Et ce n'est que le soir qu'il rentre à sa demeure.

MAURICE.

Ce bonheur, Babylas, ne durât-il qu'une heure,
Au prix de tout mon sang je l'aurais acheté;
Le moment où l'on aime est une éternité! —
Si ce jour doit marquer la dernière entrevue
Je mourrai plus content, car je l'aurai revue;
Le ciel m'a ménagé cet instant pour la voir,
Mon cœur du moins encor peut renaître à l'espoir!

BABYLAS.

Mais l'espoir suffit-il?

MAURICE.

Non, je veux davantage.
Je fus placer hier mon petit héritage
Sur le chemin du Nord; — il me faut une dot,
Et j'ai, pour la gagner, mis mes fonds au tripot.
Tu vois jusqu'à quel point j'ambitionne Elvire;
Spéculer à la Bourse est mon plus dur martyre,
J'y risque cependant pour elle tout mon bien,
Comme un ambitieux j'y cherche tout... ou rien!

BABYLAS.

Ah! ah! vous spéculez! sur la hausse ou la baisse!

MAURICE.

Sur la baisse, je crois, — j'ignore, je confesse,
L'un aussi bien que l'autre, et tous les deux surtout!
La halle des destins m'inspire un tel dégoût,
Qu'en entrant, suffoqué par l'odeur de la foule,
Je fis ce qu'on voulut! — Sais-tu comme s'enroule
Ce laid chaînon formé d'humains ambitieux?...
On ne peut plus sortir du cercle vicieux [gardes.
Quand on s'y laisse prendre; — et je fus sur mes
Tous ces gens, revêtus des plus superbes hardes,
Je les plains, Babylas! leur vie est une mort
Où les nerfs seulement, galvanisés par l'or,
Végètent jour par jour! — Le matin on se lève
Après s'être gorgé d'or et d'argent en rêve;
On déjeune en causant affaires et plaisirs;
Puis, pour réaliser d'implacables désirs,
On s'élance à la Bourse avec inquiétude,
Et sur les prix cotés on se met à l'étude;
On sort en pérorant, les bras agitant l'air,
Tout rempli de vapeur, et de chemins de fer;
On discute au café (les garçons s'en amusent);
On dîne largement, sans que les mots ne s'usent;
Et, pour bien digérer, on suit avec effort
La conversation sur... l'argent et sur l'or;
Enfin, quand vient minuit, la cervelle étonnée
Veut du repos; — on va, pour finir la journée,
Dans le bazar des sens, au coin d'un carrefour,
Sur un étal de chair sacrifier l'amour!

BABYLAS.

Une telle existence est toute à la matière!

MAURICE.

Ces gens ont dans leur corps leur âme tout entière;
Et les affections, qui joignent ici-bas
Et grandissent les cœurs, ne les regardent pas.
La raison, — que fit Dieu! — chez eux, même égarée,
N'est qu'une froide erreur, de sophismes parée,
Et dont leur conscience adopte aussi la loi!

BABYLAS.

Mais ils sont fous!

MAURICE.

Peut-être, hélas! de bonne foi.
Dans le bonheur du corps ils ont mis leur croyance;
Vivant sans souvenir comme sans espérance,
Le réel est leur culte et leur religion,
Et leur cœur impuissant n'a qu'une passion!...
Plaignons-les, Babylas; ils ne savent point vivre,
Mais ils se croiraient fous s'ils cessaient de pour-
Une vie étrangère aux choses de l'esprit, [suivre
Et des choses du cœur leur doute amer sourit!

BABYLAS, *riant.* [prendre;

Le portrait de mon maître!... Ah! j'ai su le com-
Je vais chercher sa fille; elle viendra l'entendre.

SCÈNE II.

LES MÊMES, MARCEL.

BABYLAS, *sortant en riant.*

Ce cher monsieur Marcel!...

Heurtant Marcel qui entre en courant essoufflé et tout joyeux.

Ouf!...

MAURICE, *à part, cherchant à se déguiser mieux.*

Le voilà!

MARCEL, *tombant assis.*

Bonheur!
Chance et succès, messieurs! A mon génie hon-
[neur!...

Tirant Babylas par la main.

Réjouissez-vous donc! Babylas, viens connaître;

Tirant Maurice; avec étonnement.

Vous aussi... Mais à qui?...

MAURICE, *troublé et déguisant sa voix.*

Monsieur, j'ai l'honneur d'être...
Le fils de... mon père est... je suis...

BABYLAS.

Oui, mon garçon.

A Marcel.

Pour quelques jours mon fils revient à la maison.

MARCEL.

Mais comme il a grandi!

MAURICE.

C'est l'air de la province.

MARCEL.

Il était gros et court, le voilà grand et mince!

BABYLAS.

A son âge, en six ans on grandit comme on veut;
Il s'est rendu bel homme et c'était là son vœu.
Je suis content de lui, monsieur, car il travaille;
Et fructueusement.

MARCEL, *frappant sur l'épaule de Maurice.*

Je suis charmé qu'il aille
Ainsi vers la fortune! — Il vient chercher la main
De Jeannette?

BABYLAS, *avec importance.*

Oh, non pas! Il faut un autre hymen
A présent, à mon fils! On a des fonds en poche,
On devient exigeant, quoique enfant de pioche.
Quarante mille francs qu'on triplera bientôt,
Peuvent donner le droit de regarder plus haut;
Et, s'il faut parler vrai, c'est dans votre famille,
Monsieur, qu'Antoine veut me choisir une fille.

MAURICE, *à part.*

Il devient fou!

MARCEL.

Comment?

BABYLAS.

Veuillez m'entendre encor:
Ce ne sont point les gens qu'on unit, c'est leur or;
Vous l'avez dit cent fois, ayez-en souvenance;

Or, mon fils deviendra plus riche qu'on ne pense.
Ses talents merveilleux, en affaires surtout,
Peuvent dès aujourd'hui lui faire espérer tout.

MARCEL, *à part.*

Dame! il a de l'argent, il en veut davantage;
Je comprends son idée, et même la partage.

Haut.

Sans nul doute, j'aurais un suprême plaisir
A satisfaire ici votre amoureux désir;
Ma fille y trouverait son bonheur, je l'espère;
Mais il faut un peu plus de monnaie à son père...

A Maurice.

A Jeannette autrefois vous promettiez...

BABYLAS.

C'est bien!
Il lui promettait tout, alors qu'il n'avait rien;
Mais aujourd'hui qu'il a, ma foi, c'est autre chose!
A cet hymen d'ailleurs, moi père, je m'oppose.

MARCEL.

Mais c'est très-mal, cela!

BABYLAS.

Comment, il se pourrait
Que vous blâmassiez mes raisons d'intérêt?

MARCEL.

Je ne les blâme pas! mais je dis...

BABYLAS.

Oui, vous dites
Que j'aurais tort de faire un calcul que vous fîtes.

A Maurice.

N'en parlons plus, mon fils; notre maître a raison.

MARCEL, *à part.*

N'avoir rien à répondre aux gens de sa maison,
Quand on a tort contre eux... c'est un tourment ter-
[rible!

A Babylas.

Enfin, vous accorder ma fille est impossible!
Et je suis trop heureux...

MAURICE.

Je l'espérais pourtant,
Mais je suis satisfait de vous trouver content;
Il ne m'en faut pas plus.

MARCEL.

Après ma belle chance,
C'est dans les millions que je cherche alliance!
Figurez-vous tous deux qu'à l'instant je reviens
De la Bourse, où le sort m'a comblé de ses biens...

A Babylas.

Va, cours chercher ma fille, et je vais vous ap-
[prendre.
Mes succès, si constants, qu'on ne peut les com-
[prendre!

BABYLAS, *au moment de sortir.*

Voilà mademoiselle, à propos.

SCÈNE III.

LES MÊMES, ELVIRE, *triste et les yeux rouges;* JEANNETTE.

MARCEL.

Viens, Elvire...
J'ai du bonheur, ma fille, et besoin de le dire!

JEANNETTE.

Elle, elle a du malheur, et vous prenez le soin
Qu'elle n'en parle pas, même en ayant besoin;
Voilà la différence!

ELVIRE, *bas.*

Allons, tais-toi, Jeannette.

MARCEL, *à Jeannette.*

Tu parles bien bien pour deux, et ta parole est
[nette.
Mais écoutez-moi tous vous raconter mon sort.
Je vendis l'autre jour mes actions du Nord;
Je craignais, et pourtant elles furent très-bonnes;
Quand je le sus, j'allai chez plus de vingt personnes
Pour toute ma fortune en chercher un monceau.

A Elvire.

Je voulais, mon enfant, te doubler ton trousseau.
Hier, ce Nord tomba, sur certains bruits de guerre,
Si bas, que j'en repris... à crédit! oui, ma chère!
Et ce matin de même... et toujours à crédit!
Sans peur, car on est sûr de la paix!

MAURICE.

On le dit.

MARCEL.

A Maurice. A Elvire.

C'est très-certain... Si bien que ce soir les nouvelles
Annonçant dans Paris la fin de nos querelles,
Feront pleurer les sots de leur funeste erreur,
Et que demain matin le Nord fera fureur!
Alors j'aurai gagné dans moins de deux journées
Plus d'argent qu'il en faut pour vivre cent années!
Le sort couronnera mes calculs si profonds,
Et, sans travail, j'aurai quadruplé tous mes fonds!

MAURICE, *avec inquiétude.*

Qui vous dit que la paix?...

MARCEL.

Déjà l'on le présage.
Le roi vient d'envoyer un ambassadeur sage
Qui saura, je le crois, expédier demain
Quelque courrier, porteur d'arrangement certain.

MAURICE, *désespéré.*

Je suis parmi les sots!... hélas, je le confesse,
J'ai spéculé, monsieur, spéculé sur la baisse!
Et la prévision qui charme votre espoir,
Étant réalisée, emporte mon avoir!
Écoutez-moi, monsieur, car je ne dois plus feindre:
Je suis désespéré, je n'ai plus rien à craindre;
Je reviens malgré vous dedans votre maison,
Mais du moins, à genoux, j'implore mon pardon!

Il ôte sa barbe en se jetant à genoux.

ELVIRE.

Maurice!

MARCEL.

Eh quoi, monsieur! Redoutez ma colère!

JEANNETTE, *tranquillement.*

C'est bien, il vient nous voir.

ELVIRE.

Écoutez-le, mon père!

MAURICE, *debout, avec fermeté.*

Considérez ici l'excès de mon amour,

Montrant Elvire.

Car, monsieur, malgré vous je l'aimerai toujour!
J'adorai le veau d'or pour obtenir ma femme;
Je voulais la gagner, eh bien, je la réclame!
Puisque le sort partout me trahit, il faut bien
Que je cherche en amour ce que je perds en bien!
Vous avez oublié, monsieur, votre parole.
J'ai souffert jusqu'ici, je veux changer de rôle.
Elvire m'appartient!... Vous étiez exigeant,
Quand vous avez, monsieur, refusé mon argent!
Vous m'avez fait courir, hélas, à ma ruine;
J'implorai vainement; eh bien, je vous domine;
Je ne puis plus enfin maîtriser ma douleur,
Et vous vous souviendrez de vos serments d'hon-
[neur!

MARCEL.

Quoi?... Que prétendez-vous?

MAURICE.

Moi, je prétends vous dire
Que votre honneur vous force à m'accorder Elvire,
Sans dot, si vous voulez... nous nous rendrons heu-
[reux.
Le bonheur, sans cela, joint les cœurs amoureux!
Mon cœur, avant votre or, répond de sa fortune;
Et d'ailleurs je suis jeune et puis en attendre une!...
Voudriez-vous, monsieur, pour un sordide appât,
Sacrifier l'enfant que le ciel vous donna?
Exposer votre fille, alors qu'elle vous aime,

A jeter sur vos jours un funeste anathème?
Voudriez-vous?... mais non, vous ne pouvez vou-
En me désespérant j'ai recouvré l'espoir. [loir;

MARCEL, *furieux, à Babylas.*

Quoi! tu m'avais trahi, Babylas?... Je te chasse!...
A Maurice.
Monsieur, épargnez-nous une scène, de grâce!
J'ai ma conviction; d'après elle je peux
Donner ma fille au diable... au diable, si je veux;
Ma fille épousera monsieur de Théodore;
Elle a juré d'ailleurs...
Voyant Elvire faire un mouvement pour l'arrêter.
Et nous le jure encore...

ELVIRE, *vivement.*

Non, mon père; au contraire!

JEANNETTE, *à Marcel.*

Attendez deux instants!...
Pour vous donner raison prenez au moins le temps!

ELVIRE.

Vous avez su, mon père, obtenir ma promesse,
Par vos pleurs, vos sanglots, joués avec adresse!
Vous étiez ruiné, je devais vous sauver;
Et vous avez voulu, sans doute, m'éprouver?
Mon désespoir, hélas! plus réel que le vôtre,
Aurait brisé mon cœur, amant et veuf d'un autre;
Mais, grâce à Dieu, je vois sain un tel dévouement!
Et, vous sachant heureux, je reprends mon serment.

MARCEL.

Comment?... Que veux-tu faire?

ELVIRE.

A votre seule idée...
Ou porter au couvent une face ridée,
Ou donner à Maurice un teint frais et joyeux.
Choisissez là-dedans ce qui vous va le mieux.

MARCEL.

Non, et mille fois non! tu n'auras pas Maurice!
C'est plus que de l'amour, cela; c'est du caprice!
Un jeune fou, qui vient de perdre un doux avoir,
Sous prétexte qu'il t'aime et qu'il voudrait t'avoir!
Tu tiens aux sentiments; mais on fait triste mine
Quand par les sentiments on court à sa ruine!
Je ferais une faute et je serais mauvais
De vous unir tous deux!... Va au couvent!

ELVIRE.

J'y vais.
Oui, je veux dès ce soir y porter ma souffrance;
Mon père, adieu! Maurice, adieu, sans espérance!

MARCEL, *brusquement.*

Adieu!

ELVIRE, *se retournant.*

Vous me laissez en proie à ma douleur?

JEANNETTE.

Vous quittez votre enfant sans changer de couleur?

BABYLAS, *bas.*

C'est qu'il est très-bon teint.

MARCEL, *à Babylas.*

Tais-toi, peste maudite!
C'est toi qui causes tout!

MAURICE, *à Marcel.*

Votre perte est écrite
Dans l'avenir, monsieur, si vous suivez ainsi
L'impulsion de l'or, sans pitié ni merci!

ELVIRE.

Vous restez sourd? Je pars.

MARCEL, *vivement, prenant son chapeau.*

Il faut que j'aille en course.

ELVIRE.

Je vais donc me cloîtrer!

MARCEL.

Je retourne à la Bourse.

SCÈNE IV.

LES MÊMES, PAULIN, *les ramenant.*

PAULIN.

Retourner à la Bourse! ah! qu'y faire, ô mon Dieu?
Que n'avez-vous toujours fui cet horrible lieu!

MARCEL.

Fuir la Bourse? oh! jamais!

PAULIN.

Maintenant on y pleure!
On y jure et blasphème et sanglote à cette heure!
C'est un enfer, vraiment!... Ciel! que de malheu-
[reux
Trompés dans leur attente et leurrés dans leurs
Serrant les mains de Marcel. [vœux!
Pauvre Marcel, hélas! je prends part à ta peine.

MARCEL, *gaiement.*

Ma peine? elle est joyeuse, et ta douleur est vaine!

PAULIN, *étonné.*

Comment?

MARCEL.

J'en suis heureux, de ma peine!

PAULIN.

Plaît-il?

MARCEL.

Et je subis mon sort sans froncer le sourcil!

PAULIN.

Tu prends donc bien gaiement le malheur qui t'ar-

MARCEL, *riant.* [rive
Je crois bien!... ah! farceur!... Il faut pour que je
Que mon cœur ait parfois de ces émotions; [vive
La Bourse aura toujours mes bénédictions!

PAULIN.

La Bourse? ô lieu maudit!... Ne perds-tu pas la
Je te vois rire après ta ruine complète? [tête?

MARCEL, *éclatant de rire.*

Ma ruine? oh! parfait! parfait, frère Paulin!
Je ne te croyais pas, encore aussi malin!
Ma ruine!... Entre nous, plaisamment tu badines;
Nous serons dix heureux parmi deux cents ruines;
Dix dont l'esprit hardi, frondant les sots du jour,
Quand ils tenaient le contre a seul tenu le pour!
Car tenir pour la paix est sage en ce temps-ci;
Les sots ont craint la guerre.

MAURICE.

Et j'en eus peur aussi.

MARCEL.

Oui, ce jeune homme, hélas! sans nulle expérience,
Spécula sur la baisse... il a mauvaise chance
Pour son coup de début!

MAURICE, *à Paulin.*

J'ai perdu tout mon bien.

MARCEL.

Vous ne connaissez pas notre roi, je vois bien;
Sage et prudent, peut-il consentir à la guerre?
Il fallait réfléchir!

PAULIN, *à Marcel.*

Et tu ne l'as fait guère,
Car le plus malheureux dans tout cela, c'est toi!

MARCEL, *riant.*

Assez, assez... Plains donc Maurice et non pas moi!

PAULIN.

Le roi, prudent, c'est vrai, mais juste davantage,
Croit que nous conserver l'honneur est le plus sage;
La guerre est déclarée: il en était besoin!

MARCEL, *toujours riant.*

Tu partages l'erreur, et tu seras témoin
Que si tu spéculais tu ferais belle chose.

PAULIN, *gravement.*

Ton rire est indécent... Est-ce plaisante cause
Alors même que toi tu gagnerais beaucoup,

De voir autant de gens frappés d'un même coup ?
Je voudrais que, pour toi, la nouvelle fût fausse,
Et que l'on vînt ici t'annoncer une hausse ;
Mais il n'en sera rien ; je te sais ruiné...
Que dirais-tu de voir quelqu'un te rire au né ?

MARCEL.

Je rirais avec lui !... Que vienne ma ruine,
Tu me verras, mon cher, toujours la même mine.

PAULIN.

Tu deviens philosophe, et j'en suis satisfait ;
Ce changement en toi du ciel est un bienfait ;
Mais je ne sais comment tu conserves un doute ?

MARCEL, *gaiement.*

Je suis heureux, sans doute !

JEANNETTE.

Et c'est un tort.

PAULIN, *avec compassion.*

Écoute !
Tes Nords, que j'avais pris et que je t'ai rendus,
Ceux que tu désirais et que l'on t'a vendus...
Ton monceau d'actions, enfin...

MARCEL.

Quoi ?

PAULIN.

C'est ta perte !...

MARCEL, *avec impatience.*

Ah ! ma foi, c'est tuant, et j'en deviens inerte !
Plaisanter si longtemps sur mon bonheur...

PAULIN.

C'est sûr,
Ce que je dis, Marcel.

MARCEL.

Alors, sois moins obscur,
Afin que je comprenne.

PAULIN.

Il faut donc tout t'apprendre ?
Avec un soupir.
Tu parais ignorer... Ah ! tu vas me comprendre !
J'étais à l'instant même à la Bourse ; on y vint
Annoncer que la guerre était un fait certain.
Le télégraphe, hélas ! apportait la nouvelle,
Et déjà les canons...

MARCEL.

Ma frayeur est mortelle !...
Dis-tu vrai ?... Sais-tu bien ?...

PAULIN.

Trop bien ! — Chacun alors
A la Bourse fut pris de violents transports ;
Ici c'était la crainte et là c'était la joie,
Qu'ils sont fatals les biens que le hasard envoie !
Des gens qui spéculaient, impatients d'avoir,
Maintenant éperdus, rongeaient leur désespoir ;
Et dans l'arène, hélas ! aux cupides si chère,
Dans le temple de l'or, tout n'était que misère !
Va, cours, Marcel ! Cela, c'est vrai, je te l'ai dit,
Mais du moins cherche encore à sauver ton crédit,
Afin que ruiné, mais loyal, pur, honnête,
Tu puisses baptiser ta ruine complète !

MARCEL, *tout décontenancé,*

La baptiser !... oui, mais... je veux douter encor ;...
Je n'aurais plus moyen de spéculer, sans or !
Je n'ai pas tout perdu, c'est impossible !

PAULIN, *à Elvire abattue.*

Elvire,
Ta consolation, dans ce qu'on vient de dire,
C'est que Marcel perdant, Maurice a gagné.

MAURICE.

Moi ?...
A Elvire.
Mais oui, c'est vrai, je gagne ! — Eh bien tout est à toi !

PAULIN, *gaiement.*

Chez moi nous vivrons tous ; pour ce je vous implore !

MARCEL, *rêveur.*

Je cours chez mon agent, il me redoit encore.

PAULIN, *l'arrêtant.*

C'est bien en vain, Marcel ; ton agent vers le nord
Emporte ses clients, représentés en or ;
Il a fait banqueroute.

MARCEL, *avec désespoir.*

Oh ! mes fonds !

ELVIRE.

Pauvre père !

MARCEL, *à Elvire.*

Mes fonds, dis-je, oh ! mes fonds ! Tout mon bonheur, ma chère !
Quel coup ! Jamais, jamais je n'en serai remis ;
Mon banquier, mon argent, mes deux meilleurs amis !

PAULIN.

Tu voulais être fort.

MARCEL.

Ah ! le fruit de mes peines ?...
Comment donc spéculer, oh ! mes fonds !...

PAULIN.

Douleurs vaines !
Ils sont partis tes fonds, par la vapeur...

MARCEL, *avec rage.*

Coquin !

PAULIN.

Comme ils étaient venus ! ma foi, tout n'est pas gain.

MARCEL, *à Paulin.*

Vous riez de cela !

PAULIN.

Non, mais je vous avoue
Que vous cherchiez ce tour que le destin vous joue ;
Et je ne vous plains pas, gardant un petit bien
Qui peut vous faire vivre en bon entretien.

MAURICE, *avec bonheur.*

Puisque la guerre est sûre, alors c'est sûr : je gagne !
La baisse me rehausse ; un bon sort m'accompagne :
Ma spéculation doit tripler mon avoir,
Et mon âme étonnée a recouvré l'espoir !
Peut-être aussi mes vers, si j'en crois ce présage,
Au théâtre aujourd'hui réussiront !

JEANNETTE, *bas.*

Je gage
Que votre amour aussi réussira ?

MARCEL, *à Maurice avec embarras.*

C'est sot
De vouloir d'un amant exiger une dot ;
Je le confesse.

JEANNETTE, *bas.*

Eh bien, je le disais !

MARCEL.

Maurice,
Pardonnez à la tête, au cœur rendez justice ;
Je vous donne ma fille.

MAURICE, *d'un ton amer.*

Ah ! monsieur, grand merci !

MARCEL.

Quoi ! vous n'en voulez pas ?

MAURICE, *vivement.*

Au contraire, mais si !
Je me trouve assez riche en possédant Elvire,
Si pour dot j'ai son cœur.

PAULIN, *avec gaieté, en attirant Elvire et Maurice.*

J'ai quelque chose à dire :
Pour bien se marier le cœur ne suffit pas ;
Indiquant Elvire.
Je donnerai sa dot .. et paîrai le repas
Du mariage !... Allez !...

BABYLAS, *s'approchant.*

Les fleurs de la couronne
Viendront de moi, j'espère ?

ELVIRE, *avec joie.*

Oui.

JEANNETTE.

Jeannette en personne
Demande à demeurer longtemps chez vous encor?

BABYLAS.

Puis nous la marierons à mon fils.

MARCEL, *absorbé.*

O mon or!
Après avoir vingt ans couru la même chose,
La voir nous échapper quand notre main s'y pose!
Plus d'or... pour en gagner! ô dure adversité!
Tous les autres heureux! Quelle calamité!

A Maurice.

Ah! qu'avais-je besoin de perdre ma fortune?
Le chiffre deux est beau... deux dots vaudraient [mieux qu'une!

PAULIN, *avec humeur.*

Voilà les Saint-Amand! éconduis-les, Marcel.

SCÈNE V.

MARCEL, PAULIN, MAURICE, THÉODORE, BABYLAS, FÉLIX, ELVIRE, JEANNETTE, Mme DE SAINT-AMAND.

MARCEL, *précipitamment.*

Et votre Nord, madame?

Mme DE SAINT-AMAND.

Il est mauvais, ô ciel!
Il baisse, il baisse, et tant, qu'on ne peut le re- [vendre
Qu'à moitié prix.

MARCEL.

Paulin est venu nous l'apprendre.
Sur quoi spéculez-vous maintenant?

Mme DE SAINT-AMAND.

Je ne sais.

FÉLIX.

Sur rien, ça vaudra mieux; nous manquons nos [essais.

THÉODORE, *à Marcel.*

Je vous offre mes vœux et mes condoléances,

Soupirant

Et renonce à l'hymen.

MARCEL, *à part.*

Il trahit ses tendances;
C'était bien mon argent qu'il voulait; oui, vrai- [ment!...
Ainsi que moi le sien.

Haut d'un ton railleur.

Vrai! vous êtes charmant!
Maurice est riche; il vient d'obtenir mon Elvire.

THÉODORE, *à Maurice.*

Vous l'aimez donc encore?

MAURICE.

Oui, certe, avec délire!

THÉODORE, *bas.*

Moi, j'aimais son argent!

MAURICE.

Ce sentiment est vil!

THÉODORE.

L'argent vil?... pas du tout!

A part.

Quel discours me fait-il?

Haut.

L'argent vil?... ah! monsieur, vous voyez dans le [monde
Chacun courir vers lui, comme un poisson vers [l'onde;
Étant déjà mouillé, l'on peut nager plus loin;
Mais si l'on est à sec... ah! il n'est pas besoin
De remuer en vain nageoires, queue et tête;
On crève desséché!... La vie est ainsi faite.

PAULIN.

Va, ne spécule plus, Maurice; dès demain
Tu paîrais d'aujourd'hui trop chèrement le gain.

MAURICE.

Oh! je ne veux plus rien puisqu'Elvire est ma [femme!

ELVIRE.

Nous serons plus heureux qu'auparavant!

Mme DE SAINT-AMAND.

Je blâme
Ce calme où vous voulez vous enterrer.

FÉLIX.

Non, non;
Si nous faisions de même, aurions-nous pas raison?

Mme DE SAINT-AMAND, *à Félix.*

Sot!

FÉLIX, *avec amertume.*

Tu m'aimais jadis; tu m'insultes!

Mme DE SAINT-AMAND.

Dommage!
Vous ne valez pas tant qu'au jour du mariage!

FÉLIX, *soupirant.*

Non, tu m'as ruiné!

MARCEL, *à Félix.*

Nous le sommes tous deux!
Ah! que je suis à plaindre!

MAURICE, *prenant la main d'Elvire.*

Et que je suis heureux!

THÉODORE, *à Maurice.*

Plus que vous ne croyez... Est-ce à vous le poëme
Qu'on nomme: *Un sot du jour?*

MAURICE, *vivement.*

Vous avez le nom même!

THÉODORE.

Ce travail, qu'aux Français vous avez présenté,
Fut reçu tout à l'heure à l'unanimité.

MAURICE.

Est-il possible? ô Dieu! d'où vient cette nouvelle?

THÉODORE.

L'acteur qui lut votre œuvre, et qui la dit fort belle,
Vient de me l'annoncer.

MARCEL.

O jour trois fois heureux!
Riche et grand d'un seul coup, et toujours amou- [reux.

THÉODORE.

On ne veut plus se battre en duel, je le gage?

MAURICE.

Il n'est qu'un bon duel: celui du mariage!

FIN.

Imprimerie de Mme Ve DONDEY-DUPRÉ, rue Saint-Louis 46, au Marais.

IMPRIMERIE DONDEY-DUPRÉ, RUE SAINT-LOUIS, 46, AU MARAIS.

www.ingramcontent.com/pod-product-compliance
Ingram Content Group UK Ltd.
Pitfield, Milton Keynes, MK11 3LW, UK
UKHW020402250726
13967UKWH00005B/2434

9 782013 040181